畫家帶路，

台中

舊城街道散步

圖·文——朱啟助

輔順將軍廟
"馬舍公廟" 2017.05.18. am 10:30

我的旅行背包和畫本

年輕時，因為經常往返兩岸，所以考了領隊執照，偶爾帶團穿梭在東南亞國家，看的是各國歷史建築，聽的也是當地歷史人文。我隨身總會帶著畫本和畫筆，心血來潮就隨意地記錄一下，不少團友會傳來羨慕的眼神，發出讚歎：「一樣是出來玩，我們是一路嘻嘻哈哈和拍照，你還多了手繪紀錄，真的好羨慕喔！」而後，幾次與朋友旅行，我也都堅持用畫筆記錄旅行的過程，每當行程結束，畫本便成了大家最好的話題，也是最佳的回憶。因著旅行畫畫，讓我開始著迷於巷弄老建築，越舊越老就越有味道，像是在回憶兒時的記憶，也是在找尋那美好的年代。

我出生在台中，台中舊城裡滿滿都是我兒時的記憶。媽媽推著車從東區穿過公園，到第一市場擺攤做生意；年節時，全家在湖心亭中山橋上，看年輕情侶划船、放鞭炮；或是和爺爺一起到台中公園做早操。那時候還流行到百貨公司坐流籠吹冷氣，我們也總是在開門營業的剎那，搶著衝第一

個搭電梯。

我從 4 年前成立「繪旅行」，開始教旅行速寫，用一張紙、一枝筆畫出自己生活的環境，當時我選擇了台中舊城，帶著學生一條街一條街慢慢畫，如今，我們踏遍中區舊城的每個角落，用畫面訴說每一次的故事與感動，深深著迷於舊城的景物與人文。隨著鐵路的高架與舊城新生，搭火車或搭巴士，便捷的大眾運輸讓我們很容易就開始一天的旅程。

「如果我也能畫畫，一定要和你一樣邊旅行邊畫畫」、「我沒有天分，就是不會畫」、「要怎麼開始，才能像你一樣呢？」我想，大家的心裡一定都住著這樣的精靈，不斷地呼喊著

我的「繪旅行」背包

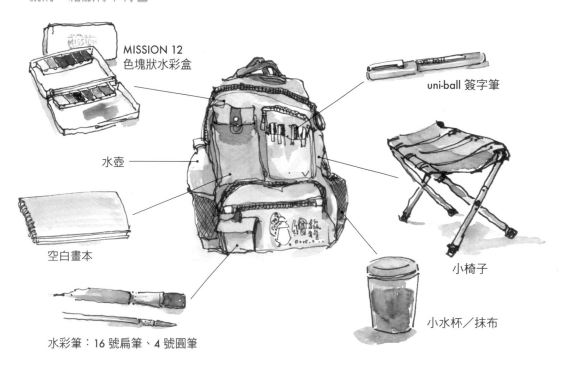

MISSION 12
色塊狀水彩盒

uni-ball 簽字筆

水壺

空白畫本

小椅子

水彩筆：16 號扁筆、4 號圓筆

小水杯／抹布

「我要是會畫畫，該多好啊。」

　我想和大家分享中區舊城的美好，寫一本有圖、有文字的旅遊繪本書，讓大家可以輕鬆地帶著書徒步走在舊城，這會是一個很好的旅遊選擇，因為中區真的不大，從我最熟悉的城市台中開始，希望您可以帶著這本書，和我一起來一趟深度的舊城小旅行，

體驗一趟自己也可以動筆留下紀錄的特別經驗。

　相信我，只要有第一本旅行速寫的紀錄，您將很快地再次擁有第二本、第三本……，愛上旅行畫畫就是這麼簡單，來吧！一起來走走。

朱啟助

日日手繪好風景

我喜歡邊旅行邊畫畫，只需要簡單的速寫工具以及自己準備的速寫畫本，就能透過輕鬆的線條將每一趟旅行的過程記錄下來。不論吃的、看的、玩的或是住的，每一個角落、每一次的感動都藉由畫筆留在我的畫本之中。「分享」則是我另一種成就感。一來可以不斷重新回味旅程的點點滴滴，二來，在我整理畫本、寫上心得或貼上沖洗的照片，讓我的畫本有了完整的紀錄後，一趟豐富的遊程就成為我和朋友們分享的最佳話題，這就是我旅行速寫的開始。

對我來說，相機是旅行時的一種工具，透過機器來幫助觀看並留下紀錄；速寫則是利用雙眼觀察，使用畫筆描線、上色，處理各種複雜畫面的同時，也處理了現場複雜的心情感受。大多數的旅行者在造訪景點時，不外乎拿起相機猛拍，而這個舉動只不過是拷貝數以萬計遊客拍過的照片罷了，景區所販售的風景明信片反而更勝於自己所拍的，若要停下腳步細細品味，只要有一支筆和一本畫冊，將可以大大改變旅行的方式。

其實，只要隨意的一張紙、一張明信片，甚至是用餐時，餐具底下鋪的那張餐桌紙都可以用來塗鴉，而若親手裝訂一本畫冊，有別於市場販售的繪畫本，不用擔心畫壞，且能讓塗鴉紀錄變得更有趣。

接下來，請放慢你度假的腳步，用畫冊記錄旅行，在沉靜的心靈中，發現更多人文景觀的故事和感動，讓紀錄成為長長久久的美好記憶。在一本本旅行速寫紀錄的成果中，最後將成為「為了繪畫而旅行」的新旅行模式。

自製速寫畫本

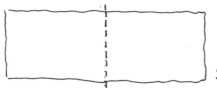 

紙張對摺

◉ 自製繪本作法：①將素描紙對摺 (約20張)

 ② 對摺紙張，四邊塗上膠水.

 ③ 一張張黏合.

④ 堆疊黏合後，以重物重壓約10分鐘.

重物重壓10min.

 ⑤ 後側使用棉紙黏合棒

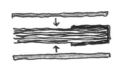 ⑥ 上下加上厚紙卡黏合.當作繪本封面.

⑦ 後側用加上的棉紙黏合.即完成.

 ·完成翻製作

1. 將畫紙 (約 20 張) 對折
2. 在對折紙其中一面的四邊塗上膠水
3. 一張張黏合堆疊在一起
4. 堆疊完成後，拿重物重壓約 10 分鐘
5. 後側使用棉紙膠水黏合
6. 上下加上厚紙卡黏合，當作封面和封底
7. 在書背上再加上棉紙黏合
8. 完成自製畫本

———我的速寫繪畫工具———

1. 防水的油性簽字筆／代針筆：廠牌
   不限，0.5 公釐左右皆可
2. 自製速寫本：口袋型的寫生本對於
   旅行速寫者最是方便
3. 水彩畫紙 (16 開或更小的尺寸)
4. 蝴蝶夾：固定畫本，防止風翻動頁面
5. 水彩組：有限顏色的水彩盒，容易
   攜帶是重點，水彩盒在 10 元商店
   就有，透明水彩則任何品牌皆可

7. 約 12 公分附蓋小水瓶
8. 吸水抹布一條 (可收納於水瓶中)
9. 美工刀：割紙、裁切蒐集到的傳單
10. 其他：膠水、刀片、相機、遮陽帽、
    折疊椅、雨傘 (雖非必要，但是帶
    了絕對有幫助)

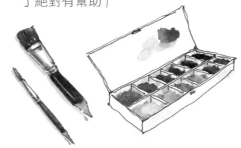

6. 水彩筆：水彩筆或水筆都方便旅行
   使用 (16 ～ 20 號扁筆一支、4 號圓
   筆一支，可將筆桿裁短便於攜帶)

隨身畫袋準備好！

　　整理出一個屬於你
自己的包包吧！方便攜
帶的簡易畫袋、簡單的
工具，一個輕便的隨身
包，可以讓畫畫成為一
種日常。

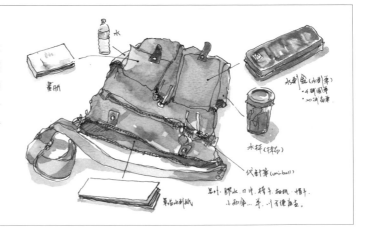

" 從哪裡下筆". 是剛接觸速寫最常遇到的問題. 而一直仰賴 鉛筆橡皮和橡
皮擦. 則是另一種阻礙旅行速寫的禍首. 因此 嘗試決定 開始拿"鉛
出去玩" 的決心及盡出不仰賴鉛橡皮是很好的開始. 準備以 一支黑色代針
筆或細鉛字筆. 縱使有畫錯的線條. 在完成作品後. 準將 或畫那件線條
又沒有那麼重要. 完全不影響畫面的觀察嗎. 有時這將 有"神來筆"
的好效果哦 !!

從哪裡下筆？

旅行速寫的樂趣在於「隨興不受拘束」，從一條直線或是橫線開始，是讓人可以輕易下手及構圖延伸的依據，不需要在意線條的直與不直、透視是否正確，請保留下筆的每一條線，盡量不中斷地來回延伸或重複，這充滿感情與趣味的線條會讓你的畫面顯得更生動！例如不經意或刻意地歪斜線條讓畫由產生動感，也是一種有趣的表現方式，完成後並不會影響對作品的觀感。

我使用代針筆速寫，我常常告訴我的學生不要擔心畫錯，沒有畫錯的線條，縱使是錯誤的線條，畫到最後往往它已經融入畫作之中，成為作品的一部分。因為我們並不是一部照相機，不需要複製眼睛所見，所以只要畫出對人事物的自我感受，傳達出畫者所感受到的，就是旅行最好的紀錄了。

初學者往往習慣使用鉛筆，畫出來的總是和所看見的不同，然後橡皮擦就成了一天下來阻礙繪畫進度的罪魁禍首。我堅持使用書局就可以買到的 uni-ball 代針筆，這樣一來，因為不希望畫錯，反而讓「觀察」成為一種習慣，你會更加用心仔細地觀察要畫的對象，然後「慢慢地」畫出每一筆。對於初學者來說，這樣的訓練是必要的，速寫不是要很快地完成一幅作品，而是慢慢地、用心地觀察事物，然後完成它。透過經驗的累積，漸漸地你也可以很快速地完成。

═ 給初學者的小提醒 ═

- 保持對事物好奇,以大自然為師。
- 「不會」或是「不敢」是阻礙繪畫的藉口,不要因為技巧不足或是缺乏經驗就卻步放棄,時間和累積的成果會成為最好的經驗和技巧。
- 你得每天練習,哪怕一天只畫一個塗鴉也好。
- 努力畫圖,每天都畫,在能力範圍內盡量撥出時間畫圖,讓畫圖像每天三餐吃飯一樣自然。

▲ 在室內速寫

「室內」容易讓人放鬆,不用吹風、曬太陽,還可以享用美食,和朋友聚會閒聊八卦,所以室內也是旅行速寫不可或缺的場景。透過窗戶照射進來的光線,總能製造出令人讚歎的光影效果,不論是食物餐點還是角落的空間,將現場的傳單、名片或餐紙,運用在構圖畫面上,就能製造出不一樣而且豐富的繪畫內容。

▲ 任何事物都值得探索發掘

旅行速寫是一種有趣的娛樂,探索形形色色的故事,都有值得記錄的事物,即便是每天吃的水果,蘋果上的標籤所代表的符號,也是值得發掘的有趣過程。

▲ 用小格子練習

水彩調色、水分控制和刮刀的使用技巧……等,都需要透過練習汲取經驗。面對景物,可以透過小格子來練習也可以累積技巧,不一定要是大場景、大畫面。

▲ 繪畫用紙可以很多元

繪畫用紙不一定非得是白色，有時使用有色卡紙也能畫出不同的味道。

速寫要分享

旅行速寫常常會有意外的驚喜和收穫，它是一種人與人之間最好的交流工具。因為在速寫時，常會吸引好奇者圍觀、聊天，或在路上，或在餐廳咖啡館內，透過聊天，你將了解更多當地的事物和故事，旁人的讚美更是旅行速寫最大的成就感和動力。一杯咖啡、一餐美食或是換來免費的住宿招待，都是速寫過程中有可能發生的，而「四海之內皆朋友」的深刻體驗更是旅行速寫帶來的最大感動。

「Urban Sketchers」是一個國際速寫人組織，利用「Urban Sketchers」這個關鍵字，可以搜尋到世界各地的速寫團體，例如在台灣就有 Urban Sketchers 埔里、Urban Sketchers 台北……，而國際上更是幾乎每個國家、每個城市都有相關的團體。旅行時，可藉機與當地的速寫者交流學習，或參與速寫活動，讓自己和大家一起成長。

圖片來源／各 Urban Sketchers 社團官網

Urban Sketchers：在臉書上搜尋「Urban Sketchers」，會出現很多速寫團體，選擇加入團體，除了可以觀看大家的作品以外，也可以分享自己的。當然，每個團體都有相關的規定需要配合，只要遵守規定，我相信你會愛上旅行、愛上速寫。

臥虎藏龍的台中舊城

20 世紀美國城市學家路易斯芒福德 (Lewis Mumford) 在其著作《城市文化》中提出，「城市是文化的容器，用來儲存並流傳人類文明的成果。」因此城市中的建築、環境、文化、風俗等，就是文化產業創新的元素，也是舊城建築與城市共生的發展基礎。

很慶幸地，在快速發展中的台中大城裡，還能保留了「舊城」這個小區，讓散步旅行這件事不再遙不可及，我透過畫筆描繪舊城建築，用文字記錄舊城歷史，在傾聽耆老講古中重新認識了舊城，現在就讓我們來去舊城走走，帶著這本書一起漫步街頭，感受舊城的人文魅力吧！

中區舊城有多大？

由於日治時期棋盤式的街道規畫、商業空間的區分，並在綠川和柳川的貫穿之下，讓台中舊城有「小京都」之稱。因此南從綠川前的車站廣場；北到柳川旁的中華路；東至台中公園公園路、福音街；西往民權路的台中州廳前，這1平方公里不到的土地，不但是全國面積最小的鄉鎮層級行政區，更曾是全國人口最密集的區域。

中區舊城雖然不大，卻保留了豐富

▲站前市景

的人文資源，不管是散步舊城，或是騎單車環城一周，都是極為輕鬆又自在的選擇。例如清末時在這裡築城，保留了為數不多的城池遺跡：台中公園裡的明遠樓、負責建城仕紳宅邸的更樓，及台中州廳後方的考棚遺址……等；日治時期鐵路貫通儀式下誕生的台中車站、湖心亭、1920 年代五州二廳的台中州廳、市役所；在城市商業發展中不可或缺的銀行機構：彰化銀行、三信商銀……等。

　　建議你不妨安排一趟 3 至 5 天的假期，選擇大眾運輸交通工具（火車、高鐵或是客運巴士），訂好住宿後，背起行囊，跟著我好好走讀這趟豐富的台中舊城人文散步旅行吧！

▲台中車站的洋式屋頂

旅行的起點

　　不論是搭飛機前來台灣的國際旅客，還是來自 368 鄉鎮的正港台灣人，火車都是一個方便又快速的選擇，而「火車頭」自然成了約會見面最好的聚集點。

　　台中是全台灣第一座現代化規畫的都市，日治時期市區改正後因鐵道而興起，1908年台灣鐵路南北貫通，形成台灣第一次的空間革命，從台中車站到台中公園的「縱貫鐵道全通式」正式帶動了台中發展的契機。1917 年完工至今的台中車站不曾褪去其

▲站前廣場

風華，除了一般通勤族外，大部分南來北往的遊客們皆以此為中心，開始台中的旅行探索。

　　車站主體為紅磚，搭配洋式的仿巴洛克紋飾，與今日總統府同為「後期文藝復興風格」的辰野式建築。如今，第三代的台中車站也以全新的現代建築工藝及全面高架化的鐵道開始通車，這新舊並存的景觀成了旅人鏡頭下最美的風景。

　　走出車站，往建國路方向就是前站，寬闊的廣場腹地是翻轉舊城的第一印象，現在的中區舊城已經不再是過去髒髒舊舊的模樣，廣場空間成了旅人約會集合的地點，也是舉辦活動或大型音樂會的戶外展台，散步中區舊城就從這裡開始。

▲ 新舊車站

▲ 百年台中車站

── 4條路線各顯其趣 ──

從台中車站廣場出發，我將舊城劃分為 4 個區塊，首先是台灣大道前的綠川新生，沿著綠川細數成功路、中山路到民族路間的巷弄美食及舊屋翻新的拍照景點；接著前往民權路間的台中州廳與銀行建築，拿起畫筆親手畫一張明信片並蓋上紀念戳章，寄給自己或遠方好友；然後繞過百年歷史的第二市場，享受經典的傳統美食，散步柳川廊道；最後回到美麗的台中公園及柳原教會周邊，重溫 70 年代划著小船的浪漫約會，或是穿梭在時光凍結的記憶小巷。

我喜歡舊城的「小」及「豐富」，因為範圍小，所以我可以悠悠哉哉地散步其間，免去舟車之苦，我可以放慢腳步悠閒地串門弄巷，享受一杯咖啡，傾聽一段在地的人文故事。而豐富的建築群像，從官署建築到銀行百業、一般民居，透過老屋新生，讓頹靡的舊城看見陽光、重見希望。

你可以選擇從你住宿的旅店出發，記得「別急」，就是要放慢腳步讓自己來一趟絕對放鬆的人文之旅。

台中車站前國光客運轉運站：www.kingbus.com.tw
台灣高鐵／台鐵轉乘時刻表連結：twtraffic.tra.gov.tw/twrail/TW_Transfer.aspx
台中市即時公車動態資訊：citybus.taichung.gov.tw/cms/

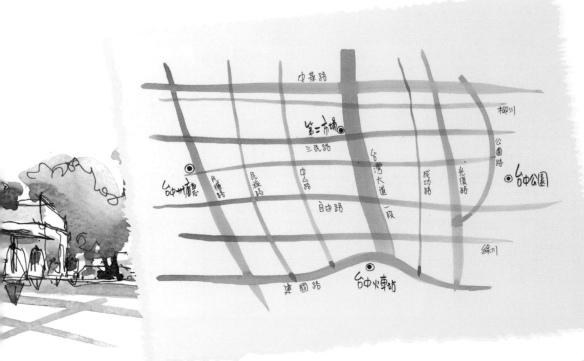

綠川新生

感受街區裡新舊並存的熱鬧氛圍，
沿著綠川，細數巷弄美食，
走訪一個個讓老靈魂得以延續的美麗心意。

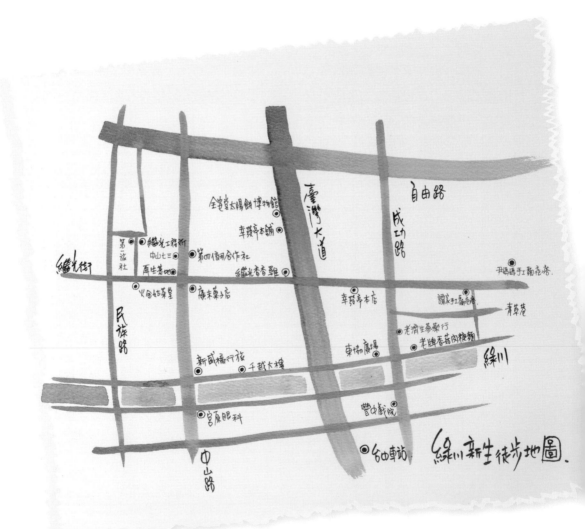

全美堂太陽餅博物館
辛發亭本舖
繼光工務所
第二旅社
中山七三
第四信用合作社
再生蛋四
繼光香香雞
繼光街
火命姑菜堂
廣末藥品店
辛發亭本店
丹越媽手工麻荖糖
讚泉手工麻荖糖
青草巷
老濟生蔘藥行
老賴香菇肉粳麵
民族路
臺灣大道
成功路
自由路
新咸橘行旅
千越大樓
東協廣場
綠川
宮原眼科
豐中戲院
中山路
台中車站
綠川新生徒步地圖

新盛川櫻橋
2018.06.09
am.10:00

　　1912 年，台灣總督佐久間左馬太巡視新盛溪，讚歎當時河岸風光綠映成碧，新盛溪遂被稱為「綠川」。然而，我對綠川的印象倒沒有那麼浪漫，1970 年代正是大夥兒拚經濟、試圖改善自己生活的時期，當時家母還在綠川旁的第一市場擺攤，記憶中的綠川河上只有鐵皮違章建築，河水也不怎麼乾淨，第一市場每到假日總是人山人海，放假的阿兵哥下了火車都聚集到這裡來，幸發亭的蜜豆冰、正老牌的香菇肉羹麵吸引著人潮，擠得水洩不通，綠川就是這幅景象，中區舊城好像就得這麼熱鬧。

　　當然，現在已經不一樣了，正老牌香菇肉羹麵分了家，在綠川西街上、後火車站復興路上，以及第五市場四維路上開枝散葉，各有堅持，不過，在舊城，我一定會選擇綠川西街上的老店，堅持用盤子盛裝，搭配一片醃黃瓜及台中特有的辣椒醬油，是老台中人的共同記憶。綠川的整治從張溫鷹市長開始有了持續的規畫與進展，拆遷了原來的違章建築，在綠川上蓋上「蓋子」，增設成休閒廣場，第一廣場前成為外籍移工假日時聚集的場所，也順勢改了正式名稱，稱為東協廣場。不同的文化、美食及經濟活動在此扎根，成為舊城的一大特色。

　　2018 年起綠川有了新名稱——新盛綠川水岸廊道，浪漫鍵盤的階梯搭配夜間燈飾照明，成為舊城新的打卡景點，從成功路到民權路間各有特色，也同時帶動了周邊商店的復甦。

宮原眼科和第四信用合作社

無人不知的眼科冰淇淋

走在綠川水岸給人一種幸福的感受，綠川的水變乾淨了，而三三兩兩的人群聚集，手中拿的是造型特殊的冰淇淋，談的也是這綠川上最耀眼的新生亮點——宮原眼科。宮原眼科坐落在中山路與綠川東街交叉口，是台中鳳梨酥名店日出集團在中區老宅新生的成功典範。

原先的建築是 1927 年由宮原武熊所成立的眼科醫院，戰後宮原被遣返回日本，政府將原本的眼科改為衛生院後遭到占用，歷經無止盡的訴訟、戰爭、地震及其他天然災害，這棟建築最終成為一棟不堪使用的廢墟，是經政府公告拆除的危樓。所幸 2010 年由日出集團購入，保留原址名稱「宮原眼科」與部分舊有結構，以存舊立新的設計理念、新舊共存的建構方式，讓廢墟危宅搖身一變成為最有特色也最知名的美景。

店內銷售日出文創包裝的台中名產，還有下午茶餐廳，其中人氣最高的就屬宮原冰淇淋了，因此「去眼科吃冰」、「你有去過宮原眼科嗎？」成了走訪台中的熱門招呼語。而其內部的設計更是拍照打卡的熱門景點，挑高的假書牆像是霍格華茲般的夢幻場景，穿著特殊的服務員也成了相片中最美的配角。

2016.05.06 am10:02 宮原眼科.

▲第四信用合作社

▲第四信用合作社裡製作太陽餅的員工

　　最近又有個「去銀行吃冰」的新話題。繼眼科之後，日出集團在附近繼續利用老宅翻修創造了新場景——第四信用合作社。此處最早名為「台中建築信用購買利用組合」，創設於1928年，光復後改名為「台中市第四信用合作社」。民國54年原地改建為7層樓的總社辦公大樓，於民國55年落成啟用。赤裸裸的建築結構與水泥外貌，在外牆上崁入一座銀行金庫大門，任誰都想嘗試開啟、一探究竟。不過，這並不是入口大門。進入室內，如同十里洋場的銀行櫃檯、穿著像超級瑪利歐一樣色彩鮮豔的服務人員，只能讚歎這驚人的設計魅力，讓第四信用合作社接續宮原眼科的熱度，成為台中舊城亮點。

中山73影視藝文空間

選杯咖啡上樓，好電影在線

第四信用合作社的對面是另一個老屋新生的創意，中山 73 影視藝文空間的 1 樓咖啡廳由成功路上的黝脈咖啡經營，目前仍採取自由樂捐的方式，只要在櫃檯上投錢，就可以選擇黑咖啡或拿鐵咖啡；2 樓是電影放映室，有著豪華沙發座椅的小包廂可容納 30 人，每月會在《七三誌》裡介紹播映場次，並在固定的時間播放電影，未來也會以院線的藝術電影或較冷門的獨立電影播放為主。由於才剛開幕啟用，店內的經營變動可能會比較大，按圖索驥來到這裡時，不妨進去詢問瞧瞧。

▲ 中山 73

千越大樓
等待都更的祕境

宮原眼科的河對岸是準備都更的千越大樓，早期的千越百貨是年輕人的假日天堂，地下室的巨蛋冰宮是舊城唯一的冰刀練習場，另外，吉普賽民歌西餐廳也是民歌時代最流行的約會地點。

如今，隨著舊城沒落，這裡變成探險的祕境，人稱「飛碟屋」、「鬼屋」，在一群年輕人進駐後，更成為時下流行的「塗鴉天堂」、「打卡祕境」，是廣被討論的焦點。

不過，若是有興趣來這裡參觀，請務必遵守規定，不妨先到管理室詢問；參觀時也要記得注意自身安全。對於這裡究竟何時才能完成都更、重現千越盛況，就不得而知了。

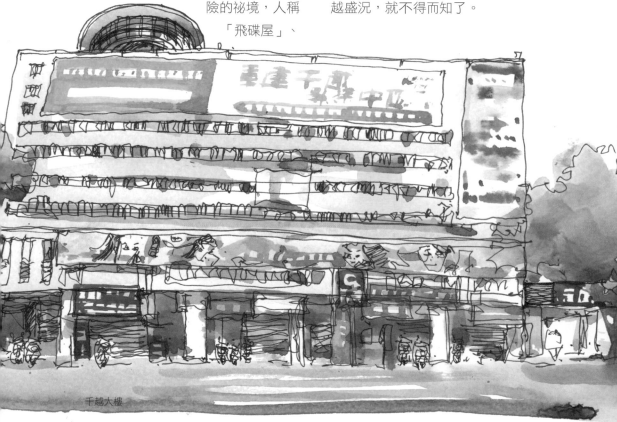

千越大樓

新盛橋行旅 刈包和麵線

超越傳統的人氣小點

新 盛橋行旅位在宮原眼科對面，坐擁絕佳的地理位置和景觀，所以總是一房難求。房間雖然不大，但充滿陽光的溫暖，貼心親切的服務讓住宿旅客有回家的感覺。1樓還有人氣美食川子麵線和盛橋刈包，引進日本立食模式，不論麵線還是刈包，都是富有創意的新吃法，讓台中舊城又多了些許新意。

川子麵線

「川」是指店就在綠川的旁邊，「子」代表希望永保赤子之心，如此好的名稱為這間店賦予了故事性。蚵仔麵線在台灣是隨處可見的民間小吃，可加鮮蚵、大腸或是兩種都加，一碗約30到50元不等。曾經在新竹吃過一碗70元的麵線，雖然有點貴，但是仍要讚美年輕老闆的創意，麵線

▲新盛橋行旅

裡加的不是鮮蚵或大腸，而是鹹酥雞！而台中綠川旁的川子麵線更是一絕，不只要站著吃，而且口味更多元了，有鹹酥雞、醋菇及油蔥肉燥，即使一碗要100元，假日嘗鮮的排隊人潮仍然持續不斷。店家吸引顧客的銷售話術是：「快來和麵線談戀愛哦！」

BAO
盛橋刈包
Taiwanese steamed bun

01	炒麵刈包 NT 80	Taichung traditional stir-fried noodles bao
02	豬肉刈包 NT 90	pork bao
	*限季節口味不同	
03	櫻花蝦起司薯刈包 NT 100	sergestid shrimp cheese fries bao
04	太妃糖麗芙冰淇淋刈包 NT 130	jute & toffee ice cream bao
01	抹茶冰淇淋刈包 NT 130	matcha ice cream bao
02	OREO冰淇淋刈包 NT 130	oreo ice cream bao

MENSEN
川子麵線
Taiwanese vermicelli

01	巴薩米克醋菇麵線 NT 100	mushrooms &Italian grape vinegar vermicelli
02	鹹酥雞麵線 NT 100	fried chicken vermicelli
03	古早味油蔥肉燥麵線 NT 100	braised pork with fried shallots sauce vermicelli
04	要(清麵線) NT 60	

盛橋刈包套餐 Combo
加購 Add extra NT 40
03 新鮮鳳梨汁 pineapple juice
04 70年老店冬瓜茶 white gourd drink
05 日式無糖綠茶 sugar-free green tea
折價 Subtraction NT 10
06 日本汽水 Japanese Soda

川子麵線 / 大定鹹酥雞套餐 Combo
加購 Add extra NT 40
07 川子奶茶 milk tea
08 羅氏秋水茶 Taichung traditional herb tea
09 洛神烏梅汁 smoked plum juice
折價 Subtraction NT 10
08 日本汽水 Japanese Soda

▲盛橋炒麵刈包

盛橋刈包

刈包又叫虎咬豬，傳統的刈包大家都不陌生，一片肥瘦兼半的爐肉搭配酸菜和花生粉，已經讓人垂涎欲滴，而盛橋刈包更有別於傳統，有用剛炸起來的刈包包入甜甜的紅豆搭配冰淇淋，也有蒸得軟嫩的刈包搭配鹹豬肉和炒麵的特別組合，年輕人的創意總是讓人眼睛發亮，一開店就引爆了話題。

BAO
盛橋刈包
Taiwanese steamed bun

01	炒麵刈包 NT 80	Taichung traditional stir-fried noodles bao
02	豬肉刈包 NT 90	pork bao
	*限季節口味不同	
03	櫻花蝦起司薯刈包 NT 100	sergestid shrimp cheese fries bao
04	太妃糖麗芙冰淇淋刈包 NT 130	jute & toffee ice cream bao
01	抹茶冰淇淋刈包 NT 130	matcha ice cream bao
02	OREO冰淇淋刈包 NT 130	oreo ice cream bao

MENSEN
川子麵線
Taiwanese vermicelli

01	巴薩米克醋菇麵線 NT 100	mushrooms &Italian grape vinegar vermicelli
02	鹹酥雞麵線 NT 100	fried chicken vermicelli
03	古早味油蔥肉燥麵線 NT 100	braised pork with fried shallots sauce vermicelli
04	原來你其實都不要(清麵線) NT 60	vermicelli
	素食麵線 NT 100	vegetarian vermicelli
	隱藏版/限售	special far-sold

川子麵線 / 大定鹹酥雞套餐 Combo
加購 Add extra NT 40
07 川子奶茶 milk tea
08 羅氏秋水茶 Taichung traditional herb tea
09 洛神烏梅汁 smoked plum juice
折價 Subtraction NT 10
08 日本汽水 Japanese Soda

▶川子麵線

地址：400 台中市中區中山路 26 號 (盛橋刈包、川子麵線位於 1 樓)

正老牌香菇肉羹麵

記憶裡的好味道

肉羹麵到處都有，各家有各家的特色，哪一家好吃？我想，小時候吃過的記憶中的味道就是最好吃的一味。

創始於 1940 年的蔡郭傳正老牌香菇肉羹麵是我最喜歡的古早味小吃，原因只有一個，小時候吃過。充滿幸福的回憶讓我無論是到後火車站復興路、第五市場的四維路或是綠川西街，都要來一碗這吃了大半輩子的老牌香菇肉羹麵。用盤子盛裝，搭配一片醃黃瓜，並淋上台中特有的東泉辣椒醬油，是老台中人的共同記憶，特別好吃，來到台中，一定要到這家店來品嘗看看喔！

▲香菇肉羹麵

地址：台中市綠川西街 167 號

▶東泉辣椒醬油

24

東協廣場
異國商店街

改建自原本的第一市場，過去曾是舊城繁華的地標，歷史悠久，家母就曾在這裡擺攤營生持家，1990 年改建落成後大家都叫它「第一廣場」。可惜好景不常，受到台中幾起火災影響，民間謠傳起「幽靈船事件」，繪聲繪影下，第一廣場蒙上了一層陰影，再加上百貨公司西移與台灣大道延伸，中區逐漸沒落，第一廣場的繁華盛況迅速消退。

數年之後，外籍移工遷入，第一廣場漸漸成為他們假日聚集的場所，東南亞商店陸續聚集，成為這裡的最大特色。閒暇時他們會在此聚集聊天，享受家鄉美食或採買家鄉商品，每個月幾乎都有高達億元的消費量，可說是相當驚人的經濟實力。

市政府在中區舊城再生計畫下，於2016 年正式將第一廣場改名為「東協廣場」，搭配綠川整治計畫，將周邊規畫成有濃厚異國風味的東南亞商店街群，從過去神祕、髒亂的角落，搖身一變為異國商店街，透過網路的分享，廣場的繁華景象逐漸復甦，舊城的故事因為東南亞移工的進駐也得以延續再生。

豐中戲院
一票看兩片的始祖

早年因為家母開店販售女性飾品及化妝品，必須經常前往豐中戲院周邊的批發商行批貨，我也因此見證了豐中戲院的風光與沉寂。

豐中戲院經營了整整一甲子(1944～2004)的時間，原來是豐中自動車株式會社的停車場，後來改為台灣歌劇戲院(歌仔戲院)，1953年改建後更名為「豐中戲院」，是台中放映首輪洋片為主的老戲院。在我的學生時代，這裡放映著二輪院線片，可說是一票看兩片的始祖，不少學生為了省錢放棄首映，選擇來這裡看較晚播放的二輪電影，不過隨著家庭劇院及 MTV 的普及，電影院的事業一落千丈，豐中戲院最終還是在 2004 年結束營業。

老濟生蔘藥行和青草巷

保存傳統木屋結構

▲老濟生蔘藥行

東協廣場旁的店面早已逐步被東南亞餐飲店所取代，而這間傳統木屋結構的老店仍能維持原樣實屬不易，隨著經濟的帶動，多數房舍不是拆除重建就是經過拉皮，換成了不怎麼好看的鐵皮。

老濟生蔘藥行有很特別的木造外觀，販售傳統的漢藥，這樣的味道不知道未來還能不能繼續保有，而一旁的巷道便是青草街，分屬於綠川里和繼光里的綠川西街 175 巷和成功路 90 巷，本來是第一市場的一部分，市場

祝融改建成第一廣場後，青草街依舊保存著它原有的模樣。

巷內的青草店大致上可歸屬於漢強百草店、慶安青草店及阿蘭青草店等，為了維持生意，也會熬製各式青草茶或養肝茶銷售。國人重視「醫食同源」，無論四季都有適合的涼補或食補，而炎炎夏日，走逛舊城時，不妨停下腳步來杯消暑的養生涼飲，保證清涼解渴。

▲青草街

成功路上的日治商店街景

不拉皮的舊建築面容

在繼光街和自由路之間的成功路上保留了很多的老建築，是從日治時期就留下來的。隨著街區的沒落，人潮不再，原本華麗的店舖招牌在拆除後，舊有的建築外牆再度被世人看見。

左側除了 130 號到 134 號沒有被重新整建，可完整地呈現過去歷史的痕跡以外，136 號以後的房子則都有經過拉皮和加建，已經看不出原樣，而右側的連棟建築，服裝和鐘錶業似乎是這個路段的主要行業，賣布或是服裝設計的店家比鄰而立，轉個彎進入巷弄依然如此。

成功路是台中市老舊城區的主要道路，散步在這條路上，猶如走進另一個時空，令人不知不覺放下日常的繁忙與壓力。

▼成功路商店街

繼光街美食
響叮噹的知名美食發源地

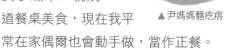

繼光商店街有別於其他同業聚集式的商圈，日治時期稱為「榮町」，曾經是台中最熱鬧的街道之一，在茶館林立的時代，這裡有火金姑茶堂；在鹽酥雞蓬勃發展的時期，這裡也有屹立不倒的繼光香香雞。然而，隨著商業重心的轉移，繼光街曾走過一段不短的低迷和蕭條，後來在東協廣場的帶動下才見曙光，舊城復興讓商家產業看見了希望，也讓異國的特色小吃成為這裡的一大特色。

譚家和尹媽媽手工麵疙瘩

麵疙瘩的由來有很多說法，浪漫一點，可說是來自清乾隆遊江南的船上美食。小時候祖母常用麵粉加蛋和水攪拌，用湯匙一瓢瓢舀入滾燙湯水中，加入胡椒、韭菜及小蝦米，就成一道餐桌美食，現在我平常在家偶爾也會動手做，當作正餐。

▲ 尹媽媽麵疙瘩

繼光街上的譚家麵疙瘩和尹媽媽手工麵疙瘩都是老店，搭配豐富的配料，像牛肉、豬肉、海鮮，或是再加泡菜、麻醬，讓這家常小食變得更多樣化。如果不知道如何點餐，那就來碗綜合麵疙瘩，什麼料都有了。

▼ 譚家麵疙瘩

譚家手工麵疙瘩
2019.07.24 am 10:00

繼光香香雞創始店

繼光街台灣大道口，這裡是繼光香香雞的創始店，原本只是路邊攤位，和一般的鹹酥雞攤沒有什麼差異，但它走過了台灣連鎖速食林立的年代，當麥當勞、肯德基、儂特利、摩斯、南北德州炸雞、哈帝漢堡、溫蒂漢堡、漢堡王、巧利比，及台灣的香雞城、頂呱呱等，那時百家爭鳴，繼光香香雞始終堅持其原味，默默地發展拓點。就在上述的連鎖速食業蠶食鯨吞

到只剩 2、3 個品牌時，繼光香香雞早已立足台灣各角落，同時也進軍香港、馬來西亞，成為一家知名的跨國台灣連鎖企業。很多新的商品都是從這裡開始，如鍋式的炸雞鍋、披薩或是搭配飯食的簡餐，來到舊城，一定要來這裡試試不斷推陳出新的口味。

香傳，就是這個味 Unforgettable Unique Flavour From Taiwan

1973 繼光香香雞 J&G Fried Chicken

www.jgfriedchicken.com.tw

▲繼光香香雞

幸發亭本店和幸發亭本舖

　　幸發亭是 70 年代第一市場裡最風光的老味道，整間店就靠這一味 —— 蜜豆冰。最早的蜜豆冰 (ミツマメ) 是在 1938 年，由陳溪先生以手推車方式在台中火車站沿街叫賣，約莫於 1943 年進入第一市場，並將攤位命名為「幸發亭」。

　　蜜豆冰裡有十多種配料再加上 3 種水果，西瓜、蘋果和香蕉，濃濃的香蕉油味道搭配手工鑿冰的粗粒冰塊，咬在嘴裡發出「ㄅㄜ、ㄅㄜ、」的聲響，特殊的滋味讓蜜豆冰成為台中人永遠難忘的回憶。在全盛時期的 60、70 年代，第一市場內就有 7 到 8 家賣蜜豆冰的商家，創出一天 1 萬份冰品的銷售紀錄，可惜受到大火及搬遷影響，蜜豆冰風光不再。

▲ 幸發亭本舖

1994
火金姑鞋室
中區. 繼光街68號. 2F
2017.07.21. 2M 7:00. 游

目前舊城區中有兩家幸發亭，繼光街上的是第二代阿姨所開設的「幸發亭本店」，台灣大道上的則是第三代陳薇竹及弟弟陳冠溢所開設的「幸發亭本舖」，是以文創為基調、研發更多創新冰品口味的旗艦店。想要品嘗台中蜜豆冰的老味道，不妨到這兩家店，試試看原汁原味的老蜜豆冰。

火金姑茶堂

台中是泡沫紅茶的發源地，例如廣為人知的春水堂，當時在這股風潮的帶動下，陸續出現了不少膾炙人口的名店，像是雙十路上整排的露天茶坊、精明一街的休閒茶店、茶蟲和阿 Q 茶舍等，而繼光街上宛如 pub 的火金姑茶堂，在這之中更顯光鮮大氣，即使在結束營業後的數年，仍可從店門外觀上的螢火蟲鐵雕藝術窺見其過去輝煌。

▲火金姑茶堂

繼光工務所和第一旅社
破屋變身百變辦公空間

就在火金姑茶堂對面的小巷子裡,隱藏著一棟民國44年的老建築,過去沉寂了不少歲月,若在網路上搜尋,可見其「破屋」之稱呼,而後一度成為網紅的「讀冊」書店,終在吳建志、賴人碩、李昌霖等建築師團隊的努力下,老屋經過整修,被賦予了新的生命,成了如今的繼光工務所。1樓是用途百變的空間,可作會議室或活動場所,常不定期舉辦建築創作研討或展覽,一些試圖翻轉中區舊城的青年團體也經常在此聚集;2樓則是建築師的辦公空間,放上連貫式的辦公長桌,在運用上有更多的可能性,也提供了建築科系的學生一個實習、實驗的場域。

中區到處都有老舊建築,這群建築師的改造和進駐,藉由老屋新生,讓繼光工務所成為網路熱衷探討的建築師基地。中區的老屋重新被看見,引起社會關注,進而吸引更多人一起思考中區的再生,共同翻轉中區。

一旁「第一旅社」門口上方的招牌寫著「壬寅年」吸引了我的目光,以此推測,旅社至少在1962年就已經存在。如今招牌斑駁破舊,窗口鐵花鏽蝕,空調管及排煙管安安靜靜地爬滿外牆,而堅固的建築本體及洗石子的外牆卻依舊美麗,對於旅人而言,只要再稍加整修,相信會是中區再生的亮點。

1962' 壬寅年.
第一旅社. 鈾
2017. 07. 28. pm1:00.

▲ 第一旅社

▲ 繼光工務所

中區再生基地和廣末和菓子

舊市區文化翻新值得期待

我在台中旅行速寫繼光街區時，經常巧遇中區再生基地 (DRF Goodot Village) 的蘇睿弼教授，台中舊城因為有蘇教授的帶領，關於老建築的故事才能重新在人們的記憶裡被喚起，而我也間接受惠——在我用旅行速寫的方式記錄中區影像時，因此有機會挖掘出更多的人文記憶。

閒置了近十年的第一銀行 2 樓在 2012 年有了新的使命，蘇教授把大學資源公共化，同時連結世界各地的專業學者與年輕人，結合設計教學，充分利用這個空間，帶領大家重新認識舊市區，更以研究調查為基礎，提出多種行動方案，例如舉辦工作坊、展覽等活動，讓年輕人和關心舊城發展的市民共同討論舊市區的再生願景及發展策略，扮演著市民與政府之間的橋梁。這幾年下來，中區再生基地已經成為大家重新認識舊城區的交流大

▶中區再生基地

▲廣末和菓子

廳，我們也看到一棟棟閒置的老建築在大家的努力下重建生機。在這 1961 年的第一銀行舊址裡通往各樓層的老舊旋轉樓梯中，我們看見中區舊城復甦的希望。

而對角那棟有著粉紅色外牆，其上的圓窗以鐵皮遮蔽，彷彿機器人的臉龐，一直靜靜地注視著中區再生基地的建築。這裡曾經是日治時期 1920 年代的「廣末菓子店」，戰後 1946 年更是扮演《和平日報》的台中基地，以及嘉賓閣公共食堂等，其輝煌的歷史絕非現在我們看到的模樣。

站在中山路的繼光街口，想著老建築逐漸被賦予新生，我彷彿重新看見它們過往的榮景，我相信在再生基地的年輕人活力帶動之下，繼光街的盛況絕對是值得期待的！

全安堂太陽餅博物館
推廣人文展演的祕密基地

毛主義.
台灣太陽餅博物館.
2016.06.16. ani zai

穿過第四信用合作社的小巷，我們回到台灣大道，一旁的紅磚式建築就是「全安堂太陽餅博物館」。在中區舊城，它不僅扮演著太陽餅技術的傳承，更是藝術人文展演的推手。

走訪中區舊城，我喜歡將這裡當作中繼站，因為這裡不僅有很好的休息空間，而且這棟建築背後的故事更是認識台中、了解舊城不能錯過的精采歷史。提到全安堂這棟日式建築，就不能不提及與它緊密關聯的兩位名人。一位是全安堂的起造人盧安先生，另一位是台中名產太陽餅的創始人魏清海(阿明師)。

盧安(1880～1959)在當時是台中三大鉅富之一。全安堂於 1909 年完工，原本是間藥房，建築採強化磚造結構，外牆紅磚白飾帶的設計是典型的「辰野式」建築，而隔壁的彰化銀行總行乃徵收全安堂的花園土地而興建。

魏清海 (1908～1993) 出生於今台中縣神岡鄉社口村。學習昆派製餅技術，因其手藝超群，口耳相傳而小有名聲，先在北屯受老闆郭丁邀請，開設「元明商店」製作喜餅販售，1954年與兒子魏健三應林紹松之聘，共同合作創立「太陽堂餅店」，由於生產的糕餅外型渾圓像太陽，故取名太陽餅。1968 年，魏清海父子離開太陽堂餅店，在第一市場自行開業「一陽堂」，最後因房東催討租金而結束營業，返回家鄉社口村種田。

1990 年時，台中市天水雅集餅店創辦人謝松庭聘請魏清海為顧問、魏健三為製餅廠長，重新製作太陽餅。魏清海製餅手藝絕倫，人稱阿明師，其子魏健三亦被稱為阿郎師。此時魏清海收林淇海為義子，傳授技藝。後來魏健三與林淇海離開天水雅集，曾接受金仁太陽堂老闆簡昇輝之聘，推廣太陽餅；不久兩人又共同創立太陽堂老店，將太陽餅正宗口味傳遍中外，直至 1993 年魏清海逝世，享壽 83 歲。

現在在中區舊城裡，太陽餅店接鄰而開，太陽堂餅店、天水雅集、金仁太陽堂、太陽堂老店以及現在的台灣太陽餅博物館，都承襲了魏清海的技術與智慧，也共同打響了台中名產的口號。

盧安代理日本各大藥廠名品，以經營製藥、建築營造和南北雜貨等發跡，娶二房、育有六子。可惜盧安於 1959年腦溢血猝逝，他在台中市區留下了龐大的不動產，總面積高達 2 萬 5 千餘坪 (8.7 甲建地)，這還不包含其外縣市的農地在內，遺產歸屬因此變得非常複雜。其孫女盧千惠是旅日有名的兒童文學家，她的夫婿許世楷先生更是早期的駐日代表。

台中州廳與銀行建築

細究老銀行建築的設計風采，
逛進台中州廳，親手畫一張明信片，
將獨一無二的作品寄給遠方好友。

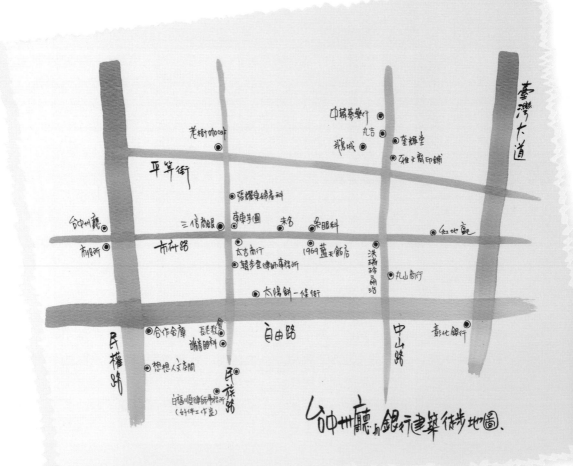

台中州廳與銀行建築徒步地圖.

　　如果從台灣大道將舊城區劃分成兩半，你會發現大部分的銀行和官署建築都集中在西半邊的中山路到民權路一帶。原因很簡單，這裡是日治時期日本人集中使用的街區，例如中山路集中的高檔蔘藥店、舶來品店；民族路則多醫院和診所，至於民權路，則是州廳、市役所官署建築及銀行。

　　從彰化銀行出發到合作金庫、三信商銀，看看早期留下來的老銀行建築，轉個彎順道欣賞華麗的市役所建築，以及 2019 年 4 月剛升格為國定古蹟的台中州廳，是這條路線的精華區域。當然，鵝城的美食、東東芋圓的消暑冰品，或是老派的老樹咖啡也不妨撥點時間品嘗一番。

台中州廳

彰化銀行

內外柱造型相異，興味盎然

全安堂太陽餅博物館的隔壁就是彰化銀行，前面曾經提過，彰化銀行的土地原本是全安堂的腹地，日治時期彰化銀行欲將總行設置於台中，原本是要徵收全安堂全部的土地，所幸盧安在台中亦非等閒之輩，最後保留了全安堂建築，並利用周邊花園土地蓋了這棟雄偉的建築。

這是 1938 年完工、由白倉好夫與畠山喜三郎設計的古典主義式建築，外牆的西式泥塑花紋及希臘式柱子陣列，與台北的台灣銀行總行、土地銀行博物館的式樣頗為相似。但當你走進彰化銀行的 1 樓大廳，看見挑高的樓層，原本的陣列式環柱變成四方型的柱子時，又會連想到附近民族路上市府路口的三信商業銀行外觀的方柱造型，原因很簡單，這兩棟銀行建築正巧由同一位建築師負責，甚至也是在同一年完工的呢！

自由路, 太陽餅一條街

歡迎親自試吃挑選

從彰化銀行的對街沿著自由路行走, 你會發現一整排的台中名產店——「太陽餅本店」、「太陽餅老店」、「太陽餅本舖」、「太陽餅總店」抑或「阿明師太陽餅」……等, 這就是自由路上的太陽餅一條街, 就連街上的路燈也做成太陽花造型, 非常顯眼。但是到底哪一家才是真的? 說實在的, 真的各有所長。自從魏清海到台中創設太陽餅店, 期間不斷合夥、拆夥, 陸續帶出了不少徒弟和傳人, 不過, 太陽餅實是因為顏水龍教授的向日葵馬賽克壁磚作品及包裝設計, 才真正成為持續熱銷的台中名產。(向日葵馬賽克壁磚作品位於自由路二段 23 號的餅店, 可惜現在已經歇業, 所以看不到了。)

這一整排的太陽餅店裡, 以「太陽餅老舖」經營最早, 堅持傳統製餅技術及傳統包裝, 頗有古早味的氛圍。因此, 若問我哪家才是正宗的或是好吃的? 建議大家親自走走逛逛, 商家們都會很熱情地招呼試吃, 這「如人飲水, 冷暖自知」, 所以不妨多品嘗一下台中人的熱情與好味道。

43

合作鐘 1929'
（原. 台中州立圖書館）
2017. 08. 04. PM 2:00

台中州圖（合作金庫）

乘載新舊建築工法的結合體

經過太陽餅一條街後再繼續往民權路走，你對眼前這棟紅色建築一定不會太陌生。合作金庫在日治時期其實是台中州圖書館，牆面的「十三溝面磚」建材明顯透露出它的建築年代，因為這是一片 1929 年後由北投窯廠開始生產的表面磚，對照這1929 年完工的州圖也就完全契合了，只不過原本的磚面是所謂的國防色（黃褐色），如今已塗成紅色，雖然失去了原有的樣貌，但卻相當醒目突出。

1970 年代圖書館遷移至新址，原建築由合作金庫接手，建築正面右側立面的拱型窗，一直到騎樓都是後來加建的，建築師利用原州圖的建築元素複製在右側增建的部分，也算是高明的新舊結合。台中舊城因為這類的建築新意有了更豐富的人文與觀光價值。

想想人文空間

一方緩步休憩的心靈空間

就在合作金庫後面，成旅晶贊飯店隔壁有一棟不起眼的老屋，是一群年輕人打造的實踐夢想的基地——想想人文空間，我若逛累了就喜歡找間咖啡館休息，而這是一間可以讓人停下腳步想想的安靜空間。

地址：400 台中市中區民權路 78 號

▲ 想想人文空間

台中市役所
藏身高樓間的辰野式建築

臺中市役所

2017.08.10. PM4:00

要説台中舊城裡最美的建築，我想就是這棟台中市役所了。1911年完工落成至今已超過百年，曾幾何時周邊的舊建築一個接著一個消失，取而代之的是高樓大廈或鋼筋鐵皮，這棟建築被獨自保留下來的意義與價值，正是舊城的歷史，更是我們的記憶。

這是台中建築史上第一棟鋼筋混凝土建築，亦是仿巴洛克的辰野式建築。最初為「台中廳公共埤圳聯合會事務所」，1920年台灣行政區規畫為五州二廳，成為台中市的行政官署台中市役所，首任台中市長金子惠教就在此就任辦公。戰後經不同機關使用，到2016年才委外由古典玫瑰園經營，1樓是咖啡餐館、2樓以上為藝術中心，並定期舉辦展覽及開放參觀。

台中州廳
台中第三座國定古蹟

台中州廳原為清治末期的元誠考堂，1912 年元誠考堂被拆除，隔年由森山松之助設計，1918 年完成第一期工程，共歷經 4 次擴建，終於在 1938 年完成現行規模。森山松之助是總督府的技師，1906 年來到台灣，他的作品除了現在的總統府之外，還有台灣三大州廳 (台北監察院、台中州廳和台南文學館)、台北賓館、台灣公賣局圖書館……等。1945 年之後，台中市政府正式遷入州廳辦公[編註]。

編註：2010 年 12 月 25 日台中縣市合併為一直轄市，台中市政府搬遷至七期重劃區的台灣大道，而都市發展局和環境保護局則仍在州廳。

台中州廳 2017.06.22 am 10:00

三信商業銀行
台灣曾紅極一時的簡化風格

離開郵局後，繼續沿著市府路走，位於市府路、民族路口的三信商業銀行是日治時期 1938 年的建築物，原本是為了服務日本在台僑民而設立的「有限責任台中信用組合」，過渡式的建築式樣簡化了繁冗的古典風格，以簡單的幾何造型及方形羅馬柱列突顯出當時在台灣流行的簡化風格。

　　正對面的東東芋圓最初在台中大坑發跡，如今在舊城區裡一直是排隊必吃的人氣名店。標榜產地直送的大甲芋頭和大肚山紅番薯，強調手工製作，每天現煮現賣，是夏天吃冰、冬天喝湯都能讓人上癮的飯後美食。

▲ 東東芋圓

▲三信商業銀行

三信商銀和東東芋圓

日式木造街屋
細賞木造街屋與手繪招牌

「中」區的木造街屋是日治時期的房舍？抑或戰後光復時期才建造的呢？」在舊城旅行速寫時，曾經和當地耆老聊到這個問題，據說日治後期戰事吃緊，台中舊城區多為木造街屋，因戰事容易發生火災，所以日本政府鼓勵屋主拆屋躲避，同時給予補償。戰後國民政府遷台，鼓勵原地主以水泥磚造原地重建，不過當時經濟尚未復甦，業主多認為木造屋容易散熱、居住涼爽，而且造價便宜、建造快速，所以舊城區裡多數的木造街屋多為此時期重建。

日治時期的木造街屋取材自大陸福建的進口福杉，牆面以竹篾編織，粗糠夯土補實；戰後的木材則就地取材，牆面除木片外也伴隨水泥磚造加強。有如此明確的分別方式，再回頭觀看

▲ 太吉商行

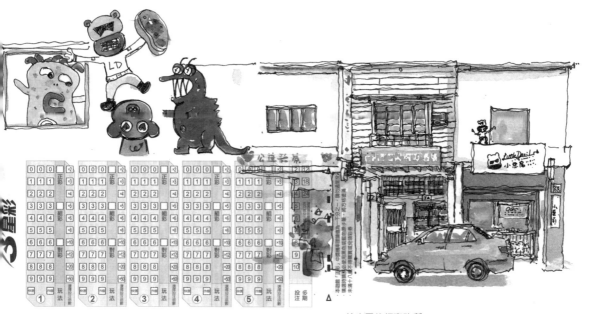

▲ 韓步雲律師事務所

舊城的木造街屋，或許就可以正確判斷各自的年代。

　　民族路和市府路口上有連棟的日式木造街屋，其中保存狀況尚稱良好的僅剩韓步雲律師事務所，由於業主細心維護，所以才能保存至今。在它隔壁的小惡魔冰棒則以特殊的彩繪外牆吸引人駐足拍照。我獨愛市府路上的太吉商行，其醒目的紅色可口可樂手繪招牌，在逐漸頹敗的街屋中一枝獨秀，成為在地亮點。

台中·舊城區·太吉商行
2016.06.17. am 8:70.

未名上海麵點
一試成主顧的外省好滋味

之前接近中午時，我想要找間麵食來吃，從來沒有考慮過這間，因為總是大排長龍，一看就知道要排很久，所以我一直錯過了。直到有次帶著學生畫三信銀行，下課時大家約好一起來，我才第一次踏進這家店。

不免俗的，我們有人負責排隊，有人等位置，只見老闆娘扯著嗓子像吵架一般「大牛一大排一內用、大排三不要蔥、小牛二一組內用……」，不知道櫃檯前的麥克風是否有用武之地？總之這大嗓門聽在不熟悉的人耳裡，總會以為他們在吵架。我點了一碗排骨麵，上菜時看見盤子裝著兩片排骨肉，「哇！真大器啊，難怪生意好成這樣！」吃著吃著我便愛上了這味道，不只是湯頭好，麵也煮得恰到好處，免費自取的蔥蒜小菜更是開胃，使我喜歡上這樣的外省口味。

這間店的生意好到不行，中午時分來用餐簡直人滿為患，仔細看看，招牌上寫著「since 1950」，這 69 年的手藝，真的一定要親自體會。

▲ 未名排骨麵

52

吳眼科
獨樹一格的牆面設計

占 地超過 200 坪、三開間的店面，
而且深度可以直通到後面的巷
子，過去曾經是鈴木耳鼻喉科，洗石
子的牆面搭配菱格紋路在中區獨樹一
格。有機會可以繞到後巷，後面還保
存了一棟完好的木造建築喔！

• **菱形紋飾**：兩側方柱層，外突至二樓做「托架飾」，
至簷口部以菱紋收沿。上牆下緣有主題此菱斜面
設色以深綠為主，立面紋飾量體感強到。具粗糙
風格特色。

▲ 菱形格紋牆面

洪瑞珍三明治
三明治的絕對代名詞

在我的印象裡，洪瑞珍和三明治是畫上等號的，尤其原味三明治是我的最愛。不過洪瑞珍最早卻是從彰化北斗發跡的，1947 年創立至今超過一甲子，而洪瑞珍餅店、洪瑞珍麵包店或是洪瑞珍三明治早已有口皆碑擴展到全國各地。

1969 藍天飯店

結合藝展重拾眾人焦點

1969 年開始營業的藍天飯店，對面曾是南夜大舞廳，因此飯店的盛況不遑多讓，只是隨著舊城沒落，藍天成了老屋。經過宮原眼科設計團隊的規畫協助，讓藍天飯店在舊城重生，入口大廳處，挑高的行李箱牆面設計，是旅客拍照打卡的熱點。另外，3 樓定期會有藝文空間搭配藝術家作品的特色房間，讓每一季都有新鮮話題。

▲ 1969 藍天飯店

▲ 2018 年 12 月的展覽主題「大頭兒」

◀ 2017 年用行李箱堆疊的聖誕布置

中山路上

值得細細玩味的各種建築風格

中山路左右兩旁店鋪林立，醫院、診所、蔘藥、舶來精品等大多集中在這條路上，日治時期大部分是日本人在此消費。靠近自由路段的中山路兩側街屋至今大多仍維持原來的樣貌，一直延伸到三民路的第二市場，就連水果商家也都標榜日本新鮮空運來台，當然價格也就比一般水果攤高上些許。

▲中山路右側店鋪

丸山商行

　在這裡，丸山商行是保持比較完整的一棟建築，設計簡化的牆面讓人有穩重踏實的感覺。一早門口就聚集大群麻雀和鴿子，因為屋主在柱子及地板上都放有飼料，習慣在這裡覓食的鳥雀成了市區獨特的景觀，下午時還可以聞到濃濃的煎魚味道，聽說附近的流浪貓狗也都是她在餵食。(九山商行圖見下頁)

▲ 中山路左側店鋪

中山路109~ 街屋
2017.09.07 am 11:00.

182、184 號及 186 號奎輝堂

整條中山路上，就屬 182、184 號及 186 號奎輝堂這 3 間連棟建築最是顯眼，182 號是永生蔘藥行，住在裡面的老太太性情很可愛，曾有一次我和學生們在畫圖時，她走出來對我們說：「啊，房子很醜啦！畫起來不好看啦！不要畫這棟，真的很醜……」，

不過我們堅持還是要畫下去，不一會兒功夫老太太便拿著飲料出來請大家喝。我真的好喜歡舊城裡人們的友善。

中間的 184 號是華山珠寶，之前有廣告遮住了大半外牆，如今已經拆除，可以看到這裡曾經是厚生診所，只是已找不到它的相關資料。

▲ 丸山商行

▲ 奎輝堂三連棟建築

最後是奎輝堂，這牆上的註記或許是屬於一種「堂號」，在中國歷史中，「堂號」也叫「郡號」，是行政區域的建置，也是一個姓氏發祥的本源，為了防止後代尋根不著，因此立堂號而為信。至於堂號究竟有多少，已難確知，依據中華文化復興運動推行委員會邀請專家研究整理考查，得到的共有 80 堂 267 姓，各堂的代表姓氏及其居住地皆有查證。只是不見「奎輝堂」堂號。因此我試著從字義上探索，「奎」是天上二十八星宿之一，屬西方白虎的七宿之一，吉星，有倉庫之意，因此「奎輝」似有吉星高照之意。或許是因屋主建屋時為取其意而設置，可惜無法從原屋主口中得知。

這 3 棟房子的造型略有差異，現在雖然已漆成白牆，但從其磚造及橫向紋飾，可以推斷原來房子應該屬於大正紅磚式樣的 1920 年代建築風格。

鵝城

堅持原味的陋巷老大

・白飯 ・下水湯

・鵝肉.

早上9點不到，在中山路177號路口就可以聞到一股濃郁的香味，原本以為是最愛的牛肉麵，轉入巷口才知道是老字號「鵝城」傳出來的香味。

傳承自大伯和父親之手的好味道，原本是在巷口的鵝肉攤。在紙醉金迷的年代裡，前往中山路上酒家或是卡拉OK的饕客們，總會先包上幾袋鵝城的鵝肉或小菜，聽老闆說這樣比較省錢，我想那應該是台中舊城最繁榮的時期了。

打從1970年租了店面開業至今已近50個年頭，看著中山路的繁華與沒落，黃宗民仍堅持只有「萬家香醬油、糖、水、鹽與味精」。滾了五十多年的老滷汁、以當歸為湯底的鵝肉麵線，正是鵝城的招牌，而我更愛這鵝油淋上老醬油膏的白飯，搭配一碗下水湯及一盤水煮鵝肉，真是在在難以忘懷的好味道。

▲ 鵝城

老樹咖啡
名聞遐邇的長青咖啡館

門口的老樹長得非常精壯,搭配紅牆鐵窗,這就是老樹咖啡,舊城的不老商店。或許來這裡的顧客都有些許年紀,每到 12 點半,門口就停滿汽車,看來真的是間長青咖啡館。

門前老樹是店鋪的活招牌。1977 年在高雄成立後,隔年因緣際會看上了原來的紅磚舊屋及門前老樹,於是一手打造以木器、紅磚及鐵件為主的古典式風格總店。堅持研磨現煮,至今仍使用酒精虹吸式煮具。濃郁的重烘焙咖啡擠上一球鮮奶油;現煮紅茶冰鎮後,放上一球冰淇淋,這些老派的作法正是 70、80 年代老饕的最愛。

雅文齋印鋪

傳承日本師傅手藝的鐘鼎文絕活

在中山路上旅行速寫，總是對舊建築物的迷人風采著迷，每一棟、每一間能夠留存下來都是極為不易的事。178 號夾雜在三連棟的木造房中間，低矮的傳統木造屋舍，少說也有 70、80 年歷史，若不是屋主主動攀談，或許就真要錯過這臥虎藏龍的成功絕技。

▲ 雅文齋印鋪

雅文齋的第一代傳承自日本師傅，日本戰敗後正式接掌日本師傅留下的獨門絕活——鐘鼎文手工印刻。如今第二代呂梓國、呂賓英兄妹更將其藝發揮得淋漓盡致，一刀一鑿、慢工細活，堅持詮釋中國文字無法被取代的婀娜多姿，國內多家大企業及名人印章不乏出自其手。

在速寫當日，恰巧是呂氏兄妹的母親生日，於是隨手為其速寫相贈，順勢攀談家屋歷史。據呂江秀治阿嬤回憶，日治晚期戰事頻繁，日人鼓勵拆除疏散中山路的街屋，尤其是木造房舍，而現今 178 號連棟建築是光復後，由經營木器行的公公只花一個月時間購料自建而成的。這段話也讓我恍然大悟，在舊城裡看起來舊舊的木造房屋不見得都是日治時期保留下來的，透過建築工法、木料結構及建築樣式，讓我重新檢視了舊城保留下來的木屋，也讓我能更容易分辨出戰前、戰後建築的差異。

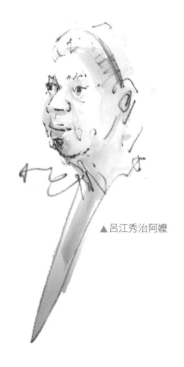

▲呂江秀治阿嬤

中韓蔘茸行和丸吉

回憶精采的仕紳故事

▲ 中山路街景

▲ 中韓蔘茸行

靠近三民路的中山路段，兩旁的店鋪也一樣精采，除了高檔中藥蔘行多集中於此以外，也聚集了不少仕紳大戶。

就在近三民路的中山路口，保留了兩棟完整的紅磚式建築，在舊城裡能看到保存如此良好的已經不多，其中一戶是中韓蔘茸行。有一天帶著學生速寫時，身邊走過一位長者（據說是二信銀行的理事主席），用台語提及了幾位名人，蔡蓮舫、黃春帆與張玉書，分別是丸吉和中韓蔘茸行建物的原起

造人，我趕緊用筆迅速地記錄下來這些名字，等晚上回到家便快速搜尋了這些人。

　　據傳丸吉在過去曾是蔡氏的醫生館，後為代書事務所，目前雖然閒置，但屋主仍然細心保存這棟建築，因此來自蔡蓮舫家族或許有可循之跡，更何況蔡蓮舫在 1920 年代還曾經擔任台中區長、台中市協議會員、台中州協議會員等職；而黃春帆及張玉書兩位因樟腦生意致富，黃春帆曾經擔任土城區長，是草屯農業發展的大功臣；張玉書則為櫟社詩人，受有日頒紳章，同樣樂善好施，因此在這裡分別起造3 戶豪宅，如今只能看見約莫 3 戶，其中完整保留的只剩中韓蔘茸行及多之寶兩戶而已了。

▲丸吉

張耀東婦產科
舊木造與新建混凝土並存

這 是一棟保持非常良好的老屋，張耀東婦產科醫院分為木造的舊棟建築與鋼筋混凝土新棟建築（由謝碧榮設計），而舊棟的木構凸窗及1樓的馬賽克面磚是主要特色。

張耀東先生於 1939 年從台北帝大醫學專門部畢業，是留日的醫學博士，除了懸壺濟世外，也曾經是著名的男網老將，45 歲時還代表台中市參加省運，並贊助過國內許多網球選手。其女張晴玲更是台灣第一位職業網球員，畢業於日本早稻田大學，後來定居美國，由於精通美、日語，成為WTA 女網協會創會期籌備委員之一，負責溝通國際事務。

台中市民族路基督長老教會

日本基督教會禮拜堂

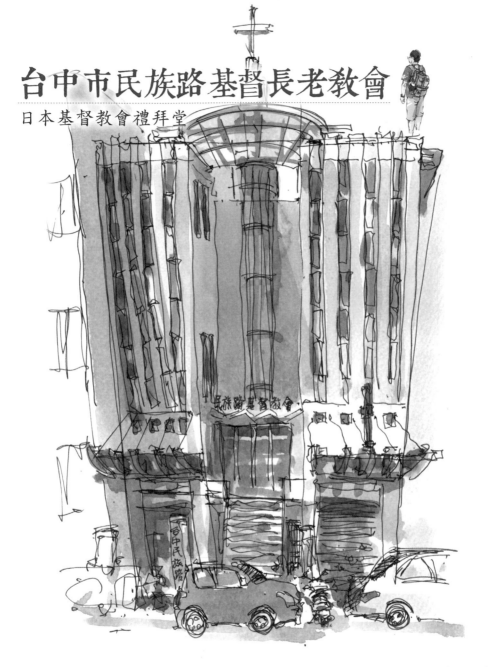

台中最早成立的長老教會應該是 1897 年的柳原教會，而後在第二次世界大戰末，日本無條件投降，放棄對台灣主權，連帶在台灣的日本基督教團所屬的日本人教會也一一解散。當時柳原教會接收了這間日本基督教會禮拜堂，並在 1947 年分設台中民族路基督長老教會。

端容眼科
帶動台灣美術文化的推手

位於民族路教會隔壁，這棟建築物是 1960 年代的產物，業主夫妻與台灣戰後初期的美術運動息息相關。眼科診所是由畢業於東京女子醫科大學的劉玉嬌醫師所創辦，其夫婿藍運登畢業於台中師專，因為對教職不感興趣，因此赴日學習美術，進入川端畫學校，並結識了陳德旺。1940 年返台，與陳德旺、黃清埕等人組成「台灣造型美術協會 MOUVE」，活躍於台灣早期美術活動。戰後，藍運登從事製藥業，劉玉嬌醫師則創辦端容眼科，並於 1960 年代在此興建眼科診所。此時，顏水龍教授定居台中，因此受邀參與診所設計，並在診所的騎樓下製作一幅丁掛排列的拼貼圖樣 (類似眼珠的圖騰)。

端容眼科現在由第二代藍采敏接手，其夫婿劉培元醫師也是出身藝術世家，父親劉欽麟畢業於東京慈惠會醫科大學，對繪畫不曾停手，戰後 1953 年與劉啟祥、劉清榕、宋世雄等人發起成立「高雄美術研究會」，並舉辦南部美展，帶動南台灣的美術風氣。因此，端容眼科在台中舊城並不只是一間眼科診所而已，我喜歡從美術歷史看待這棟建築以及主人對美術史的貢獻。

台民族路 基督教會
& 端容眼科
2016.06.02. am 11:00.

白福順律師事務所（好伴工作室）
十三溝面磚的標準國防色

　　這是一棟很有味道的老房子，牆上隱約還可以看到「白福順律師事務所」的字樣，其特別之處在於牆上的丁掛磚「十三溝面磚」，在舊城，我們還可以在柳川附近看到相似的建築和外牆磚。十三溝面磚是 1929 年代北投窯廠生產的外牆磚，一般都是黃褐色的，和日本兵的服裝類似，因此也稱為國防磚或國防色。

　　白福順是埔里人，1905 年生，1929 年畢業於日本中央大學專門部法學科，同年高考及格，是東京的執業律師。他在 1931 年回台，並在台中綠川町開業 (現為好伴工作室)，曾任集大產業株式會社顧問、台中市會議員、皇民會委員，戰後擔任新高郡守、台中縣社會課長。二二八事件發生後，政府將他處以毆打縣長之罪，白律師與其弟連夜騎自行車逃回埔里。

紅地氈西餐廳

僅剩貝殼飾牆與過往回憶相連

在中山路轉平等街的附近有一個很特別的停車場,在 70、80 年代,這裡曾是台中舊城的傳奇高檔西餐廳,門口大型貝殼屏風樣式的大招牌顯目而特別,當時一客就要近千元,就算不是政商名流,也必須是富甲一方的商賈才有能力光顧消費。如今貝殼飾牆依舊,只可惜子未承父業,加上商圈的沒落,已成了停車場及汽車保養廠。

畫張州廳帶回家

「好羨慕你會畫畫，我也好想畫畫，可是我不會畫，我也可以畫畫嗎？」這樣的疑惑和問題經常在我耳邊出現。大多數人裹足不前的原因不外乎覺得畫畫很難、不確定會不會很麻煩，或是覺得工具很多。

如果……能有簡單且便宜的工具，我想每一個人都會愛上畫畫。

如果……能把畫畫變得簡單一些，那麼人人都可以享受畫圖。

如果……能帶著畫本一起旅行，不論是文字的紀錄或是簡單的速寫，再貼上旅程的照片，這樣的紀錄會讓旅程變得更有意義，而且回味無窮。

有癸章的台中州廳

癸章

紀念章

比起畫得像不像，看得懂才是重點

其實，畫畫真的很簡單，回想幼稚園入學時你的第一張美術作品，大概是「我的家」、「我的媽媽」那樣的主題，即使沒有老師教你畫圖，但是不消幾十分鐘你就完成了，而且還是很自滿地完成了。畫畫就是如此，沒有像不像的問題，重點是「看得懂」。就好像拿起鉛筆畫一個杯子，不用一分鐘就可以完成，而且看的人都會知道你畫的是「杯子」，當然，和真正的杯子放在一起看可能一點都不像，甚至比例也完全走了樣。不過，我們要的不是「像」，而是「看得懂」。因此，我想説的是「畫畫就是這麼簡單」，直接而勇敢地畫下去，不去在乎「像」，就是要有信心地畫下去，而且有耐心地完成。

其次，我想説的是「線條要越多越好」，不要在乎畫錯。因此，我建議直接拿代針筆或是簽字筆畫圖，這樣就沒有更改的機會，所以你將更小心地「觀察」，然後很謹慎地畫下每一道線條，這時線條是「慢慢地」進行著，當你完成時，你會發現：「畫畫，我也可以！」

畫畫也好、速寫也好，並不是要很快地完成一張作品，而是要慢慢地一筆一筆仔細觀察，慢慢地畫，當你熟悉了畫畫的技巧、習慣了用筆的手法，自然就會越來越快完成喜歡的作品。今天我將帶領你體驗完成一張作品的樂趣。只要依照我的方法，我相信你也可以很快地畫好一張非常複雜的台中州廳作品。

台中州廳速寫示範

首先，我們必須選擇一個好位置來畫，在民權路與市府路的交岔口，台灣企銀的大樹下就是一個很好的畫畫地點，你可以直接坐在花台上或樓梯口，你會發現自己剛好對著州廳的正門，接下來就讓我們一步一步嘗試，體驗「一次就上手」的魅力吧！

(1) 翻開空白頁 (P.82)，在紙上定位「最高點」和「最低點」

最高點指的是建築物的最高處，州廳的最高點應該就是國旗囉！而最低點指的是州廳 1 樓和地面的接觸點。觀察一下，確認最高點和最低點以後，就要把州廳畫在這個範圍裡，再稍微觀察一下州廳的樓層比例，在最高點之下定出一個屋頂高度，然後抓出比例。1 樓高度：2 樓高度：屋頂高度，大約是 1：1：0.5。

————● 將最高點標示出來

國旗的高度 ◀━━━━

——

屋頂的高度 ◀━━━━

——

二樓的高度 ◀━━━━

——

一樓的高度 ◀━━━━

●—— 同時標出最低點

按比例定位

②　按比例定位後，
　　畫出六宮格

畫出後，示意圖上的黃框
部分就是六宮格的位置。

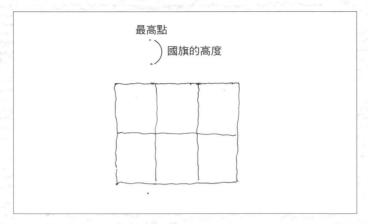

③　在六宮格內分別
　　畫下所看到的相
對應的景物

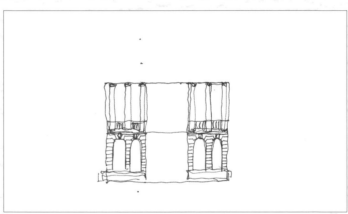

柱子

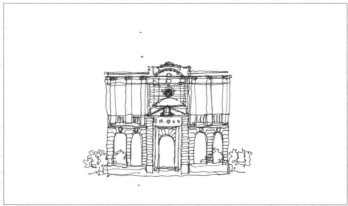

門牌

延伸兩側副樓

依此類推，將所見的皆詳細地畫下來，這樣就可以完成大廳正面的樣式。

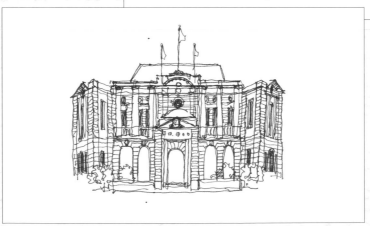

⑤ 加上屋頂、牛眼窗和國旗

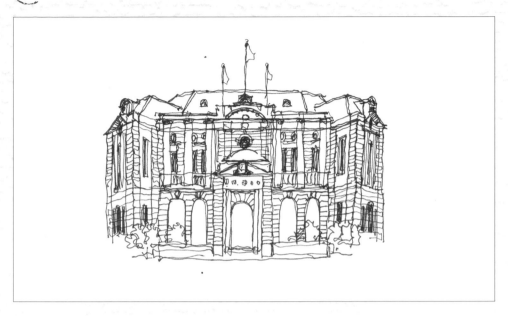

⑥ 為左右兩側副樓加上大王椰子樹

最後畫上側樓延
伸線條

⑧ 線稿完成

⑨ **開始上色，先畫磚紅色**

依照州廳外牆所示，畫上紅磚色。

⑩ **畫影子**

使用藍紫色調，將凹進去的門廳、窗戶一一塗上影子顏色。

⑪ **為屋頂上色**

屋頂使用較深一點點的藍色，然後用一樣的顏色把大門及 1、2 樓內凹的空間也染上色，造成空間內縮的效果。

（12）為大王椰子和花
圃上色

（13）完成圖

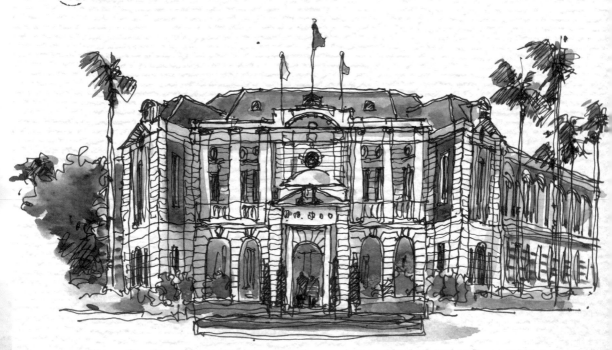

蓋上癸章和紀念章，讓作品更豐富！

每到一個景點，我一定會先找尋可以蓋紀念章的地方，免費的圖章、紀念章或是商店的可愛圖章都好，這些章往往可以增加旅行記錄的樂趣。我也會特別去找郵局的紀念章。就如同到台北車站蓋車站章、到金門太武山蓋太武山紀念章、到台中公園蓋湖心亭紀念章，到了台中州廳對面的郵局，當然也要問問是否有紀念章可以蓋。

郵局蓋紀念章有規定順序，在蓋紀念章之前，必須先貼上一張郵票，並到郵寄的櫃檯請他們蓋癸章，這時就可以請他們順便蓋上紀念章。一定要貼郵票蓋癸章才能順便蓋紀念章喔！

要進入州廳對面的郵政大樓，必須從市府路上的側門搭電梯到 3 樓，才能進入大廳。在右側櫃檯購買一張任何面額的郵票貼在作品上，然後告知櫃檯你要蓋癸章和紀念章（這間郵局有台中公園和台中車站兩種紀念章可以選擇），這樣就完成一張有紀念意義的旅行速寫作品囉！

> 欲搜尋全國有紀念章的郵局，可連結此網址：www.post.gov.tw/post/internet/Philately/index.jsp?ID=508，或是直接搜尋「臺閩風景郵戳一覽表」。

州廳祕境

畫完州廳也蓋好紀念章了嗎？建議你進入州廳瞧瞧，穿過中庭花園，走在迴廊中感受歷史建築的氛圍，然後從後門出來，穿過停車場後就是民生路的後巷，選右側沿著州廳後巷散步，彷彿進入時光隧道一般，窄窄的小巷裡竟然還保存著幾棟紅磚建築，我認為這是一個很好拍照的小祕境喔！

速寫練習

速寫練習

從第二市場到柳川廊道

品嘗阿嬤時代的古早好味道，
穿過百年第二市場，漫步柳川廊道，
見證數十年歷史興衰的建築逐一映入眼簾。

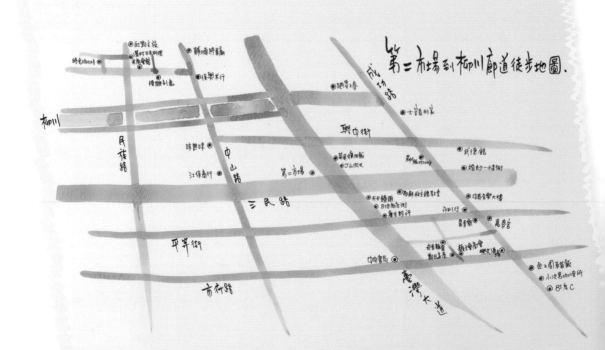

鄭氏家屋到樂丸酒場

　　從市府路到台灣大道口可以看到幾棟特別的老屋，是日治時期的名人建築，在 1930 年代到戰後初期都曾叱吒一時，成為中區風華年代的代表，中央書局、鄭氏家屋、顏文會商會、107 巷的老麵攤、順咖啡及樂丸酒場等是這段路線的精華所在。

第二市場

中央書局
文化啟蒙運動的大本營

中央書局是在市府路、台灣大道交叉口轉角的一棟弧型建築，由台中市耆宿張煥圭先生所建，也是1930年代台灣民主運動「臺灣文化協會編註」的大本營，戰後更是結合了書局、展演的複合式商店。產權目前由信誼文教基金會買下，計畫恢復原貌整修中，未來動向將可被期待。

編註：臺灣文化協會於1920年代成立，最初成員以地主資產階級與知識分子為主，是「以助長台灣文化之發達為目的」所組成的民族主義文化啟蒙團體。

鄭氏家屋
曾是繁華的紙器廠

過了台灣大道美華泰流行生活館，隔壁就是鄭氏家屋「鄭榮發紙器股份有限公司」，是日治時期台中市區內少數的三層樓房，主人是從北部到台中發展的實業家鄭榮發，主要事業以製作紙器為主，這棟樓房的1樓曾經作為紙器廠使用，有軋盒機8、9部，裁紙製盒，兩開間的三層磚造樓房目前已轉手他人，因此只能從中央立面上的「鄭」字，遙想當年的繁華。

▲屋頂山牆上的立面有「鄭」字

顏文會商會

商界名人顏春福先生居所

顏文會商會與鄭氏家屋隔著一條巷子，是來自彰化的台中商界名人顏春福先生的業務場所及住家，從事營造及貿易致富。顏文會商會乃是日治時期台中市政府的「御用達」，負責提供台中市官廳許多日常用品，並承攬市政府的採購業務，戰爭期間顏文會改為承包政府的公共工程。另外，他與全安堂起造人盧安是結拜兄弟，經常一起買賣土地、房屋等不動產。戰後，盧家的盧慶雲及顏家的顏春福更輪流擔任台中市商會會長，可見兩家的好交情。

奇香麵店
自製辣椒油誘人一再光顧

就在顏文會商會和鄭氏家屋間隔的這條小巷中,隱藏著一家咖啡館「順」,和我最喜愛的小麵攤「奇香麵店」,每次在附近畫圖,下課後我就會帶著學生一起來光顧,尤其是老闆自製的辣椒油,我特別喜歡裡面的辣椒顆粒,切一盤海帶豆干加上一大匙的辣椒顆粒,用豆干包裹著辣椒顆粒,一口咬下真的是大大滿足。每次我問老闆「辣椒賣不賣?」他的回答很簡單:「不賣,這樣你想吃就非得再來!」不得不稱讚老闆,說的一點也沒錯啊!

樂丸大眾酒場

動手體驗日治生活

舊 城裡保留了很多日治時期的建築，而樂丸
大眾酒場則採用了古早味的日式風格，使用
大量的木結構及看板海報，很有氣氛，就是要讓你
來這裡好好「樂玩」一番，例如自己動手做章魚燒、
流水麵線⋯⋯等，店內的裝潢布置肯定會秒殺你不少
底片喔！（啊！現在都用數位相機或手機，不再有底
片問題，所以可以盡情多拍一些囉！）

藍興媽祖萬春宮

歷劫復歸的兩百年廟宇

從廟裡的一顆紀念章上，我們可以知道早在 1721 年就有了這間廟。不過供奉的媽祖依據廟誌，可追溯至清康熙年間(1668)首任大墩區(今台中市)總兵藍廷珍，奉派來台時斥資於現址興建的媽祖廟宇，定名「藍興宮媽祖廟」。一直到清嘉慶年間，才由當時地方文人倡議修建，並正式將宮號更名為「萬春宮媽祖廟」，公開膜拜，香客益增，信仰日篤。但在日治時期，為了壓制台灣民間信仰，規定只許建築日式神社，萬春宮遭拆毀殆盡，所幸媽祖金身由附近居民隱藏供奉。戰後再由台中望族組織「萬春宮廟宇重建委員會」，重建萬春宮。

▲ 萬春宮廟牆

萬春宮原本是坐西向東，但重建後大殿改為坐北朝南，因此常讓人產生錯覺，遍尋不著大門。現在「天后閣」就是廟方大門，雖然古意不存，但仍保存了許多古文物，像是正殿一對頭上戴著斗笠的雕刻石獅，就頗為可愛，而正殿的一對花崗岩龍柱，也有兩百多年歷史。

斗笠石獅

廟門口有一對石獅，而廟裡竟還有一對石獅，這對在廟裡帶著斗笠的石獅，就頗耐人尋味。原來在重建萬春宮時，已新作一對石獅放置廟門口，後來聽說在現今台灣銀行位址，正開挖地基時挖到了一對石獅，耆老們說這對就是在日本時代，廟宇遭受拆毀前的那對廟前石獅，因此萬春宮才會有兩對石獅。

而石獅的斗笠呢？依廟方住持洪永松表示，當初只是為了保護有兩百年歷史的石獅子免於雨水破壞，才在獅子頭上戴上斗笠啦！

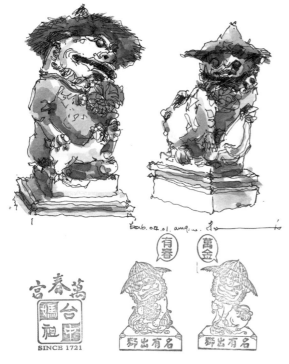

▲ 這是 2017 百年媽祖會台中的報馬仔「頭戴斗笠八字鬍，身著補釘披羊襖，肩挑紙傘提銅鑼，赤腳走在最前頭」。原本是古代軍隊中的「探馬仔」，轉變為廟會進香角色後，沿途敲鑼讓信眾知道進香隊伍即將抵達

永利行和異香齋餅舖

賣的是古早糕餅，更是人情味道

永利行就在萬春宮旁，開了近百年的老店，房子有的是歷史、賣的也都是古早味。年邁的經營者，悠閒地坐在騎樓下，邊泡著老茶邊和來往的熟客閒聊，虔誠的媽祖信徒也從這裡買好了糖果餅乾等供品，徒步走向廟裡拜拜。可以想像這近百年的歲月似乎在這兩者之間是凍結的，每天上演著一樣的戲碼。

▲異香齋

▲永利行

永利行&異香齋. 2017.12.28. am10:00

文創是活化產業，在觀光日盛的時代背景下，老店承載著歷史記憶，而這樣的故事正是提振觀光最有利的條件。永利行是一間百年老店，一樣的時空、一樣的貨品，除了日復一日的虔誠信徒，若能透過文化包裝帶動產業升級，賣商品也賣歷史文化，我想會是留住新時代的人，返鄉愛家的切入點。

在永利行對面也有一間近百年的老店「異香齋」，可以從店裡招牌的落款「己巳年」推斷它的歷史，堅持傳統及創新的經營，有著濃濃的人情味，這裡賣的已經不只是糕餅、供品或李仔鹹，而是向街坊鄰居噓寒問暖的人間味。

中英育樂大樓

樹立當年前衛時尚的標竿

在舊城裡這樣風光一時的大樓還有很多，像千越、財神、遠百……，而中英育樂大樓曾是 60 年代超前衛的建築，可以騎車沿著斜坡而上就是一大特色，就像現在的得來速一樣。其商場、三溫暖、舞廳及頂樓的旋轉餐廳都是當時首創，可惜幾次大火奪走了多條人命，加上產權不清，讓這風光而先進的大樓如今成為封閉的危樓。不過目前已有人買下，何時能再見風華就得靠新的投資者了。

三民路婚紗街

曾經，在這裡拍的婚紗才是婚紗

早期要結婚拍婚紗，不論來自彰化、南投還是台中在地的男女，肯定要來三民路走一走。因為這裡聚集了最新也是最有創意的流行風格，喜帖、喜餅、嫁妝樣樣都有，因此有婚紗街之稱。

隨著數位化的進步，婚紗業者的型態也走向多樣化，婚設公司、新娘祕書或是個人化的婚紗攝影團隊出現，店鋪的經營模式已經不是唯一選擇，加上中區舊城的沒落，整條婚紗街也變得冷清，稀稀落落的大紅看板、旗艦型的婚紗攝影禮服公司不再聚集，能生存下來的只有寥寥幾家。

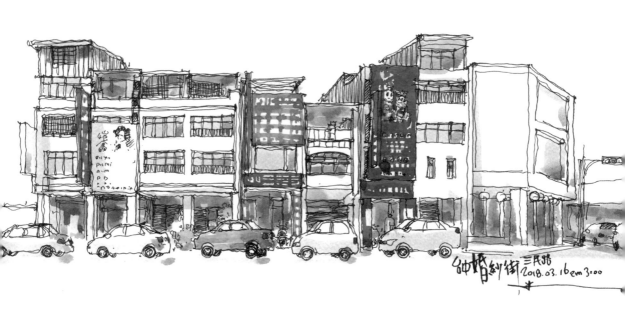

台中婚紗街 三民路 2018.03.16 pm 3:00

興中街武德館

碩果僅存的武道館

在台中說到「武道館」，第一個想到的應該都是這幾年修復後委外經營的道禾六藝文化館，或說是刑務所演武館，不過今天我要介紹的是在舊城區裡，興中街上的武德館。1899 年日本明治維新時期成立了「大日本武德會」，間接影響的是被殖民的台灣也廣設武道場或武德殿，台中最盛時期也曾有 5、6 家武道場，就像李小龍許多知名電影都在武館中打鬥

一樣，其背景時代似乎都集中在這個年代，可見當時的武術風氣之盛。

不過現在台中就只剩下這兩間，而興中街武德館是成立於戰後的 1957 年，模仿日本武道館的木結構興建，至今有 60 年歷史，由柔道聯誼會管理使用一直到現在。

何藥房（黝脈咖啡）

青年創業化解老屋拆除危機

褪去了風光的藥房年代，隨之而來的是餐廳麵館、Pub 小館，然而中區的沒落讓這棟老屋也跟著逐漸傾頹。這是一棟建於大正年間的建築代表，由紅磚建築搭配仿巴洛克紋飾，頗具美感，而牆面上的「西漢丸散、蔘茸燕桂」雕字可看出當年何醫師對中西藥理的專精與自負。據長期居住此地的長者描述，何藥房老醫師是「何炎山」，除抓藥外，也為人看病，育有一子，現在是執業的知名律師。

▲ 何藥房

勸脈咖啡

台中市成功路283號
11:00AM~02:00AM

▲ 勸脈咖啡和器皿

成功路寫生 2016.04.22

在我繪畫記錄時，屋主正與人洽談拆除重建，深感可惜，於是在臉書發文。所幸一位剛退役不久的年輕人蔡曜陽看到了文章，同時他也找到了屋主租下這棟建築，暫時解除了拆除的危機。現在這裡已經成為一家咖啡博物館，蔡曜陽用心修繕舊屋，並將收藏多年的咖啡器皿、設備，用他的專業展示於人，是舊城老屋活化的典範，更是年輕人踏實創業的楷模。來到舊城不妨也來找黝脈咖啡，進去看看老屋的樣貌，聽聽老闆創業的故事。

另外，在何藥房對面的成功路 292、294、296 號，3 間連棟式磚造木構房舍，一樣經歷了日治時期、政府遷台而到今日，顯見頹廢破損，但這樣的歷史況味，也正逐漸在我們的眼前消失，讓人看在眼裡，疼在心底。

▼星光三連棟木屋

小次男咖哩所

忠於咖哩食材的原味

在成功路上還有兩家餐廳是你一定要找時間品嘗的,其中一間就是在自由路 85 度 C 旁的小次男咖哩所,裝潢減少鋪陳保持了老屋原味,咖哩所燉煮的咖哩僅保留了食材的鮮味,沒有多餘的裝飾和配菜,還有特別的辣椒醬,如果你敢吃辣應該也要來一點,搭配起來真的讚不絕口喔!

金之園草袋飯

有藺草香的甘甜白飯才是重點

香酥排骨
味噌湯
草袋白飯

吃 過小次男咖哩所，再來則要換換這真正的台味——金之園草袋飯。在台中這超貴的便當，每到用餐時間還是大排長龍，從 1978 年開始搬過幾個地方，不過仍在舊城範圍裡，招牌香酥雞腿和排骨是必點菜單。

一般看到價格和餐點總會疑惑「貴在哪裡？」既然標榜草袋飯，這白飯當然就是靈魂了，利用藺草袋盛米蒸飯，蒸出來的白飯有股草香甜味，粒粒飽滿，搭配店家特別醃製的雪裡紅，保證入口甘甜。而香酥雞腿和排骨酥炸多汁的口感，一定要在店裡當場現吃才能感受到那份幸福滋味喔！

慶生診所和連棟街屋
最長的連棟日式街屋

平等街上，從台灣大道上一直延伸到三民路口，這裡保存了最長的連棟日式街屋，慶生診所是其中一棟3層樓的歷史建築，從外觀式樣可以推斷應該是屬於1930年前後的折衷式建築。

▲慶生診所

接下來是 11 連棟街屋，大部分屬於紅磚建築，如果連接第二市場旁的街屋，可以想像日治時期這一帶的商店街屋應該都是這樣的統一格式。我喜歡其中兩棟，除了因保持較為完整外，更是在於經營者的用心，不過度的裝潢保留了建築的原始風貌，讓舊城的歷史人文風景可以完整呈現。另外，小巷子口還有間排隊小攤「天天饅頭」喔！

天天饅頭已經有 70 年歷史，幾乎每次經過都要排隊。現包現炸的包餡小饅頭，紅豆甜而不膩，每個才 5 元，這個價格已經維持了好久，來到第二市場，一定要繞過來台灣大道這邊看看老屋，並嚐嚐這攤天天饅頭。

▲ 天天饅頭

▲ 連棟街屋

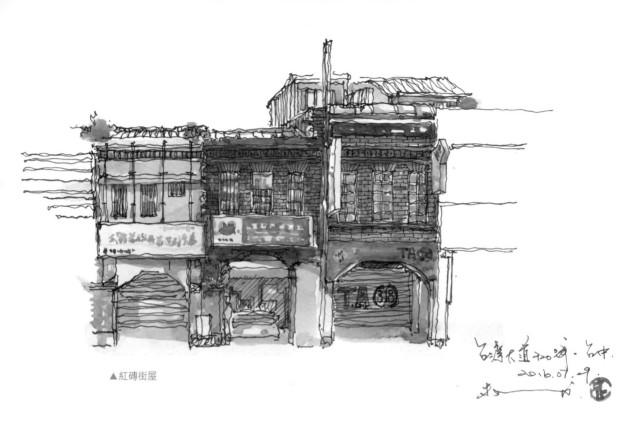

▲ 紅磚街屋

台灣大道和海·台中.
2016.07.9

耶穌救主總教堂
寧靜莊嚴的老教堂

在三民路旁，有一間醒目的黃色教堂——耶穌救主總教堂，我不是天主教徒，不過這間教堂大有來頭，早在日治時期，由羅厝的神父來到台中，就在這裡購買了土地傳福音，目前所見的教堂是在 1958 年改建，教堂內主教座椅、牧徽、聖體櫃等都不是一般教會可見。不過值得一提的是大門口牆上的耶穌復活像，是出身台中龍井的雕塑家陳夏雨[註]的作品。

註：陳夏雨於 1917 年出生，雕塑作品曾三度入選帝展獲得免鑑查資格，戰後亦曾任職於台中師專及省展評審，是台灣早期極具代表性的雕塑家，被喻為雕塑界的詩人。

第二市場
吮指回味的好味道

第二市場是舊城美食的中心，這是一棟 1917 年建立的「新富町市場」，由於商品、售價及服務都較高，因此多為日本人消費，在當時又有日本人的市場之稱。市場中間有一座六角主樓，呈現三翼放射狀的建築，戰後因周邊蓋起了店鋪樓房才變成今天的模樣。

▲第二市場

▲六角樓

六角樓

　　六角樓是市場的中心點也是最高點，站在上面可以觀看市場的動靜全貌，或許當時只當瞭望台使用，不過也有監視市場及管理的作用。

　　市場內美食很多，從六角樓旁空地談起，你可以享用只有在特殊季節裡才有的台中特殊風味小吃「麻薏」，其實麻薏是一種草本植物，本名叫黃麻，用途是紡織織布，製成麻袋、麻衣等，也是製作繩索的主要作物。烹煮麻薏相當費工，整捆整捆的黃麻只能手工採取嫩葉，用手指撕取葉肉，再費勁地在水龍頭

▲麻薏湯

底下搓揉，讓苦水流出，這搓揉的功夫要是偷懶，則煮出來的麻薏將「苦不堪言」。通常在烹煮時加入小蝦米及地瓜，完成後當湯食或是澆飯吃都非常美味。不過這句話可能是對老台中人說的，也許不是每個觀光客都喜歡喔。

▲爌肉飯

　　市場裡的滷肉飯和爌肉飯是主力，從早上到半夜都可以品嘗到業者當日現滷的美味。「聰明」、「山河」或是「李海」，經常可以看到網路上的美食比拼，說法見仁見智，對於我這個老台中人來說很簡單，早上吃「山河」、中午吃「聰明」到了晚上半夜就吃「李海」囉！配合他們的營業時間，我想這是最好的選擇。

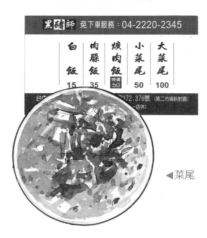

菜尾

　吃完爌肉飯，走出第二市場便是台灣大道，迎面而來的是一片大紅招牌廣告「彰化最難吃…的菜尾」？真有這麼難吃嗎？剛看到紅布條廣告確實有點納悶，這樣要怎麼做生意呢？不過這兒時記憶中的好味道，倒是成了我每次到第二市場必吃的美食。60年代台灣經濟尚未有大幅成長，喜宴上的美味剩菜成了大家必搶的隔餐美食，大人們將帶回來的爌肉、羹湯、白菜滷、佛跳牆……等全倒成一鍋加熱，成為一道最美味的雜燴。

◀菜尾

　其實招牌上寫的是，彰化最難吃「到」的菜尾，這小到看不見的「到」確實很吸睛，強調每天從彰化直送以確保美味，就是要大鍋煮才好吃。小時候還真得要有喜宴辦桌才有機會吃到這道「剩菜料理」。

丁山肉丸

　　菜尾的隔壁是丁山肉丸，是傳承至
第四代的百年市場美食，與茂川肉丸
師出同門，肉丸也叫肉圓，和彰化肉
圓是一樣的作法，透過低溫油炸，大
塊的肉片內餡搭配調
味醬，丁山和茂川
各有特色，每到
用餐時刻也都是
高朋滿座，不過
我更喜歡在百年
老屋裡有著清新裝潢
的丁山肉丸。

▲丁山肉丸

王記菜頭粿糯米腸

　　在三民路市場口裡有一攤王記菜頭
粿糯米腸，總是大排長龍，從早上到
中午不間斷，人排隊、車也排隊，只
見交通警察不時吹哨，否則這違停車
輛占去一線馬路，交通必定打結。

　　菜頭粿、糯米腸加上荷包蛋是大部
分遊客選擇的三合一點餐方式，外加
一份綜合湯，這王記美食攤該吃的就
都點到了。吃完，再來一杯
旁邊的老賴紅茶，
保證只有兩個
字——滿足。

▶三合一的菜
頭粿、糯米腸＋
荷包蛋

江保商行

　　吃飽喝足後往中山路走，江保商行
是一間很特別的商店，看著工整的紅、
藍色廣告字體，彷彿身
在東南亞國家的華人街
一樣，是一種很不一樣
的感覺。裡面販售的是
年節乾貨食品，包括進
口水產罐頭、烏魚子、車
輪牌鮑魚等，都是些高級
大菜使用的食材喔！

味無味

　　味無味是一棟老建築活化的實例，在外地打拼多年返鄉創業，喔不！正確的說法應該是回饋社會，推廣正確健康的飲食觀念。在建築物方面非常用心地保留了老屋的原貌，秉持「順時令、用在地、味無味」，建立了安全、採光、通風及舒適的環境。而食材方面，細心地挑選各地精緻安全無毒的材料，透過簡單加工，除了呈現古早家鄉美味外，也推廣了「味自然、無添加、品原味」的飲食態度。

◀江保商行

▼味無味

順時令.用在地 味 无味.

"中區舊城. 老屋新生" 中山路第二市場旁 249 號. 二棟戰後初期的老屋, 在用心的創意保留下, 給予新生的可能性. "味. 無味" 是結合了"好的建築師". "好的新屋主". "好的設計理念" "好的經營理念"及"好的台灣在地食材". 提供客人一種新的飲食態度.

味 自然 無 添加 品原味

・發芽全豆漿 (黑豆漿)

・紅麴米糕.

・蘿蔔糕.

2018.01.13. am11:00.

115

柳川藍帶水岸

走訪水岸邊長年相伴的老店家

離開第二市場，我們往柳川走，從台灣大道至民權路的這一段是最新整治開放的景觀——藍帶水岸。

清治時期，北起豐原，名為「邱厝溪」，注入烏日旱溪後名為「秋老大圳」。到了日治時期，因為市區重整規畫，居住品質與水利工程成為主要要務，柳川從 1905 年啟動整治，截彎取直，1916 年更從大陸杭州西湖移植垂柳，植栽於河岸，兩岸垂柳翩翩，才正式定名為「柳川」。

然而當年國民政府遷台，因為大量撤軍移民，台中頓時湧入數萬人，一時無法解決其居住問題，於是政府透過「警民協會」，利用砍除柳樹後之柳川河畔土地，搭建臨時鉛片屋舍，柳川原有景觀也因此遭到破壞。依水而居、擣衣洗滌，一股腦兒的什麼東西都往水裡來水裡去，幾年下來人口劇增，帶來的是家庭廢水及商業垃圾，漸漸取代了綠水泱泱的河岸風光。這裡記錄著一個個移民家族的悲歡離合，也寫下了一個物質困頓而心靈豐美的單純年代。

延著柳川走往大誠街方向，經過精武路停車場，是一個被時代遺忘的角落。隨著大樓高起，這裡卻像被凍結了一般，因此在路線四裡，我會帶領大家一起來走讀這時光凍結的城市角落。

政府從 1960 年代開始逐步拆除違建，進行護岸美化，更於 2016 年完成了這段水岸步道，透過活動的舉辦及光景藝術的設置，柳川有了新的風貌，更是舊城旅行中不可缺少的景點。從民權路到中山路之間的仁愛路、中華路上，還有多樣好吃又好逛的小店，可讓人滿足小確幸喔！

◀紅點文旅

紅點文旅和澤村

▼細數澤村菜肴

　　紅點文旅是個指標,因為新鮮的溜滑梯及創新的文青風格,是在網路上獲得極大好評的親子旅店。而隔壁的澤村是開了 30 年的日本料理店,老闆是工科畢業,因為在日本求學打工而愛上了日本料理,回國後成了他一生的事業。房東老太太日治時期於台中女高畢業,每日堅持畫 40 分鐘的柳月眉,像極了店裡掛圖的日本人物,因而成為店裡的活招牌。澤村老闆一手專業而用心的功夫,在小小的料理檯上變出了多道美味的精緻菜肴,尤其推薦「一夜干」,是來店必點的料理。

時光咖啡館

　　從紅點文旅對面的小巷子走進去，會看見一間老屋咖啡館，名為時光。時光的老闆是相機迷，店裡還放置了很多膠捲底片，這戰後初期的老屋，在老闆夫妻的巧手下處處都是拍照景點，而巷子口的 CANDY BIRD 塗鴉壁畫又是巷弄裡另類的意外驚喜。

陳雕刻處

　　聽速寫的學生說，仁愛路是台中最短的街道，從民權路起算到中山路只有兩百公尺左右，看起來確實很短，不過這裡卻有著不少故事值得探究，例如雕刻店，周遭隨便逛逛就可見到3、4家，大都以雕刻牌匾為主，其中，陳雕刻處是比較特別的。

　　台灣木雕產業大致上可分為幾個集中區域，例如中部鹿港的神轎桌椅雕刻、苗栗三義的佛像藝術品立體雕刻，以及北部桃園附近的佛像雕刻，而台中有別於其他區域的群聚店鋪，多是各自單打獨鬥。

　　陳雕刻處傳承3代近80年，見證中部雕刻事業的起落。50年代台中糕餅業一枝獨秀，從太陽堂到美珍香等老字號餅鋪，大量的餅模創造了台中木雕產業的發展，而後經濟起飛，公司、社團林立，木雕產業轉向牌匾雕刻，只是好景不常，壓克力產業逐漸取代了牌匾雕刻，陳雕刻在時代的衝擊下也萌生退意。

◀時光咖啡和壁畫

所幸第三代年輕人不希望父親的好功夫就此退隱埋沒，創立了「COMMA(逗號)」這個品牌，將父親的傳統技藝與現代設計結合，推出多項的木製文創商品，另外更舉辦「以藝換藝」的活動，利用換工的機會，讓陳雕刻的技藝在互相學習及技藝的交換中得以延續。陳雕刻處儼然成了各類職人交換經驗的聚會場所，有茶道老師、攝影師、部落客、漆藝專家或藝術家等等。有機會來這走走，說不定你也可以嘗試看看換工換藝，體驗木工師傅的精湛技藝。

▼陳雕刻處

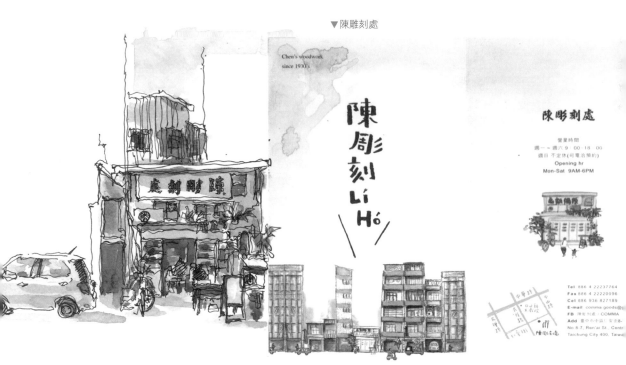

Chen's woodwork
since 1930's

陳彫刻
Lí Hó

陳彫刻處

營業時間
週一～週六 9：00-18：00
週日 不定休(可電洽預約)
Opening hr
Mon-Sat 9AM-6PM

Tel 886 4 22237764
Fax 886 4 22220096
Cel 886 936 827189
E-mail comma.goods@
FB 陳彫刻處 : COMMA
Add 臺中市中區仁愛街8-
No 8-7, Ren'ai St., Centr
Taichung City 400, Taiwa

保興米行

米店在這裡也異常地多，在中山路邊就有一家保興米行，傳統的木造老屋是戰後重建的，而吸引我注意的是招牌上 6 位數的電話號碼，現在大家習慣使用的手機都是 10 個號碼，家裡電話冠上區域碼後也是 10 碼，像這樣只有 6 碼的電話號碼，是在我還是小朋友的年紀時，那個打電話必須用手指頭轉動圓盤撥號的年代才有的，真的很有懷舊的感覺。

米商會館

另外一家引起我注意的是因門牆上的文字「米商會館」，隱約可見的題字年代是「民國 48 年 12 月」以及「李連春題」，這讓我有想要一窺究竟的念頭。 正當大家還跟隨著電視新聞節目評斷「八田與一」的斷頭事件，論斷水利與台灣稻米的功過時，這位李連春 (1904～2001) 或許更需要被揭露與讚頌一番。網路上沒有太多對他歌功頌德的紀錄，因為他具備了早期政治人物的清廉風骨，沒有叱吒風雲的作為，他的一切似乎太過雲淡風輕。

李連春被喻為「政壇長青樹」、「台灣政壇的不倒翁」，1938 年獲聘為台灣總督府米穀局顧問兼台北州米穀納入組參事與事業部長，光復後更擔任台灣省糧食局局長 25 年。在擔任糧

食局局長期間，長期推動稻種改良，1950 年代台灣糙米產量達 140 萬公噸，已超過日治時期產量，後來更達日治時期的 3 倍之多，餘糧輸出日本及東南亞，賺取不少外匯，政府以此外銷收益相繼興建了石門、白河及曾文水庫，對台灣民生的貢獻比起八田與一更是不言可喻。

李連春終其一生孤家寡人，曾有過一家九口，但在太平洋戰爭末期遭逢盟軍轟炸台北，除李連春外全數喪生，終生未再娶，因此絕後。廉潔清淡的一生，最後兩袖清風，反觀今日政壇爭權奪利，不知他心中會有多少惆悵與孤寂。

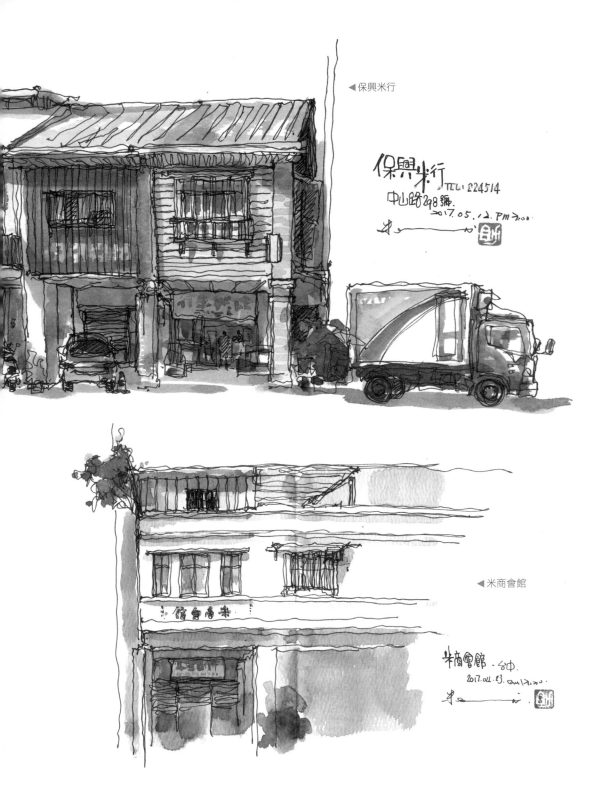

◀ 保興米行

保興米行 TEL: 224514
中山路298號.
2017.05.12.PM7:00.

◀ 米商會館

米商會館·台中.
2017.011.23.am12:30.

"輔順將軍廟 馬舍公廟" 2017.05.18 am 10:30

▲ 輔順將軍廟

輔順將軍廟
遺留歷史軌跡的建築構造

據載「輔順將軍」馬仁是開漳聖王陳元光的四大部將之一，南宋宋高宗詔賜敕封為輔順將軍，民間百姓緬懷其神勇尊稱「馬公爺」或「馬舍公」。這裡的輔順將軍廟據傳創始於清朝康熙末年，總兵藍廷珍率部眾開闢大墩時，奉請立祠。原先地點在日治時期市區改正計畫中被列為學校用地 (今光復國小)，必須遷址，於是透過地方人士林烈堂、吳鸞旂、賴墩

等人獻地集資，終於在 1921 年改建於現址。今日所見莊嚴肅穆、宏偉壯觀之歇山重簷南式建築註則是在 1995 年建成的。

另外，在光復路大誠街口附近有兩間連棟建築，1 樓的梁柱是洗石子造型，有別於中區舊城常見的磚造或木構方式。一樣是日治時期的建築，戰後屬於國有財產局，並分別分配給將軍和士官長作為眷舍。目前 140 號 2樓已經重新整修，而 138 號仍維持原樣，由於沒人居住管理，顯得破敗，有點可惜。

註：南方式傳統建築常將屋簷尾端抬高，使得屋頂線條成為向上彎曲的形式，形成傳統建築的一大特色。…傳統上以廡殿頂最尊貴，其次為歇山頂…，而歇山頂與廡殿頂又有單簷與重簷之分，以重簷為貴。(資料來源：《臺灣寺廟建築的構成》，國立臺灣工藝研究發展中心謝宗榮著)

▼將軍和士官長眷舍

陌巷之春 老家牛肉麵

延續母親的傳家手藝

「人」間有天堂，天堂在陌巷……鄰家有少女，當窗曬衣裳……春色在陌巷……。」這「陌巷」、「衣裳」都是出自 1948 年周璇在香港電影《歌女之歌》裡的插曲〈陌巷之春〉。老家牛肉麵就開在中華路一段 154 這條陌巷內，老舊的兩樓連棟房屋，2 樓鐵窗陽台曬著主人家的衣服，場景就和歌裡所描述的如出一徹，因此老闆娘將店名取為「陌巷之春」。而「老家」呢？來自山西的父母親早期就在台中大肚賣著家鄉口味的牛肉麵，老闆娘在這裡延續母親的老家手藝，店裡擺設著老家的東西和大陸親友的通訊信件，這老家牛肉麵吃起來別有一番滋味，真的很有故事。

酒巷之春
2018.12.08.
Pm5:00.

台中公園及柳原教會周邊

重溫 70 年代划著小船的浪漫雅興，
鑽入巷弄進入時光機，
讓凍結時空、留守舊年代的一景一物敲響心靈。

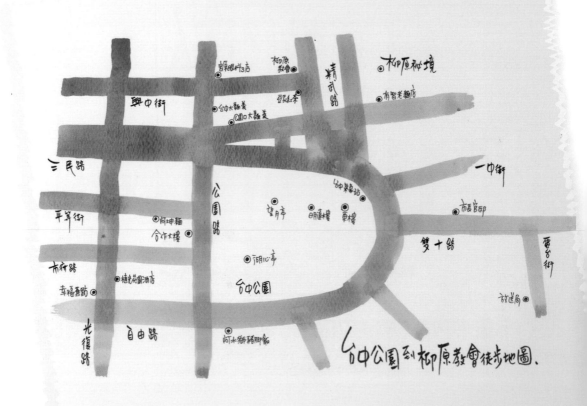

台中公園到柳原教會徒步地圖。

▲砲台山上的望月亭

　　接下來的路線是中區舊城最廣也是最複雜的區域，以台中公園為中心，連結北區的雙十路台中放送局、市長官邸，或是柳原教會旁興中街、大誠街祕境，都可以讓你花上一整天的時間慢慢閒晃，晚上還有一中街商圈或是中華路夜市讓你大飽口福。因此，一定要多留些時間在這裡，台中公園湖心亭的手划船、美味的大麵羹、摩登年代的午後咖啡或是祕境裡的三時茶房，都等著你去一一體驗。

▲台中公園湖心亭

幸福焦點
優質口碑香蕉雞蛋糕

從自由路走向台中公園前，在光復路口有間特別的排隊名店，線上訂單早已排到兩個月後才能取貨。幸福焦點堅持好的食材、簡單的原味，以新鮮又平價與顧客「分享」。老闆給我的第一印象是毫不吝嗇，在客人排隊等待的同時，香蕉雞蛋糕成品總是一根根招待大家吃，霸氣表現讓我很震驚。12 根就和山蕉一般大的雞蛋糕裝成一盒，才賣一百元，想想老闆這樣要賺什麼？不過好客的老闆總是回答：「我很富有啊！我喜歡分享，做這個雞蛋糕只是為了和大家分

享，所以便宜賣沒關係，不賺錢也沒關係啦！」

　　每天早上 10 點會有 40 盒是讓大家現場排隊購買的，如果有機會來台中公園，不妨先路過這裡，帶上一盒再到公園找一處美景，坐下來一邊品嘗香蕉蛋糕一邊吹吹台中的涼風。

幸福蕉點
2018.09.27 am11:00

植光花園酒店

活體植栽環保綠建築

植光花園酒店 (SOF Hotel) 位在幸
福焦點的斜對面，是一棟工業
廢墟風的自然環保綠建築，由紐西蘭
國際級建築師事務所 Fearon Hay 操刀
設計，保留了老屋原本的建築外貌，
不做過多的修飾，同時室內大量的活
體植栽透過天井採光，是一間很特別
的飯店。

合作大樓

曾經是最潮的鬧區所在

看 起來平凡無奇的集合大樓早已破舊得令人不忍直視。它是中區最早的集合式住宅,1967 年迄今已超過 50 年,從原本 5 樓變成 6 樓加蓋的模樣,裡面曾經是熱鬧的豪華戲院、聯美戲院、聯美歌廳、金馬遊樂場等時髦的休閒去處,可惜 1992 年的一場大火燒掉了豪華戲院及聯美歌廳,同時也燒退了人潮。現在靠著假日的玉市吸引南北地跑單幫的人,平日漆黑雜亂的景象令人唏噓。

阿坤麵
合作大樓裡的簡單美味

只要到台中公園，我的午餐肯定是選擇平等街上合作大樓 1 樓的阿坤麵，除了價錢便宜之外，真正的美味其實不需要太多的裝飾，簡單最好。而這一碗乾麵就是這麼簡單，豆芽菜、特調醬油及「大明牌」辣椒醬。這大明牌和台中人常提的東泉辣椒醬其實各有特色，只有親自品嚐才知道箇中滋味。

阿坤麵已經傳承了 3 代，從阿嬤推著攤車在東海戲院、成功戲院附近販售開始，到 1965 年左右才固定在合作大樓周邊，2012 年更買下平等街 142 號這處房子，遷入店內繼續營業。平時來往周邊的上班族是主要顧客，而假日合作大樓的玉市帶來大量顧客，中午客滿一位難求是常有的事。如果想品嚐，記得一定要在下午 1 點前來，才能享用到這美味喔！

◀阿坤麵招牌

台中公園
典藏歷史回憶的美麗公園

台中公園[註]在我兒時的記憶裡,是跟著媽媽去工作必經的捷徑,從旱溪到第一市場,必須從中興堂旁的小路穿過公園。記憶裡,湖心亭的屋頂是紅色的,上面沾滿了鴿子的白色糞便,兒童遊樂區裡有座兩層樓高的鐵塔,每天早上播放「全國人民健康操」的卡帶,總是有人站在塔上帶領著市民做運動。

日治時期,庭園大部分只有官紳家庭才有能力擁有,公園設施因此成了一般大眾休閒賞花不可或缺的空間。台中公園裡有神社和涼亭,對在亞熱帶的台灣更是都市裡夏天避暑的好去

處，尤其潭裡的藍色手划船是這裡的一大特色，也是熱戀男女最浪漫的約會方式。男生賣力地搖著槳，女生則撐著一把小洋傘，生怕這沒有遮陽的船艇曬黑了細皮嫩肉。

湖心亭是園區裡最醒目的地標，1908年因「台灣縱貫鐵道全通式^{編註}」而建，是紀念鐵道開通的建築物，當時來台主持的皇室載仁親王曾在此亭休息。2007年整修時，經古蹟修復委員會討論，恢復銅瓦時期的赤桐色屋頂，這和大部分老台中人的記憶色彩似乎有些差距。

註：台中公園於 1903 年啟用，原名「中之島公園」，戰後更名為「台中公園」或「中山公園」，直至 2000 年才正式稱為「台中公園」。

編註：日治時期，日本將縱貫鐵路的興建列為首要的施政計畫，1899 年縱貫鐵路正式由南北兩端開工，1908 年 4 月 20 日南北兩端鐵路終於在中部接軌，全線通車，同年 10 月 24 日在台中公園舉辦「縱貫鐵道全通式」通車典禮。

▲湖心亭

台中公園湖心亭
2018.10.18. am 11:00

望月亭與更樓

公園內有兩個望月亭，一個是台中古城裡的北門遺跡——明遠樓，日治時期台中實施市區改正，拆除了城樓，僅存北門上層的明遠樓則移至公園內作為紀念，又名「觀月亭」，1948 年重新整修後改名「望月亭」。另一個望月亭則是在砲台山上的小涼亭。砲台山原是公園內東大墩的小丘，海拔89 公尺，是日治時期台中市區最高峰。清光緒年間設置 2 門大砲在此，日治時期為防止台灣反抗軍又架設 3座大砲，因此稱呼砲台山。而這涼亭是戰後所建，造型相當特殊，形似一頂頭盔，前方的三角原點中心碑是喜好追蹤測量點的必訪景點。

明遠樓旁有個小小的更樓，是台灣碩果僅存的中式更樓建築。更樓又稱鼓樓，也是譙樓的俗稱，其設計：下為門，上為樓，用以遠眺守望，並敲鑼擊鼓，以報時刻。它原來是台中仕紳吳鸞旂公館的正門門樓，1983 年拆除後遷建於公園內。

▼北門遺跡望月亭

放送頭

日治時期旅台的日人思鄉且想念天皇的聲音，於是設置放送局，這放送的收聽是要付費的，一般人可沒有這個福利。後來為了政令宣導及市民教育，便在公園內設置「放送頭」，每日固定時間播放節目供民眾收聽，目前僅台北二二八紀念公園及台中公園內各存一座。

▼放送頭

▲更樓——欲登高處窺四野，且聽譙樓報幾更

櫟社
期待公園路也成潮流話題

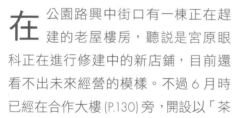

在公園路興中街口有一棟正在趕建的老屋樓房，聽說是宮原眼科正在進行修建中的新店鋪，目前還看不出未來經營的模樣。不過6月時已經在合作大樓 (P.130) 旁，開設以「茶飲」為主的第三家店，取名「櫟社」，新穎的不鏽鋼鏡面建材，拍照時會呈現出雙重人影的特殊效果，瞬間廣受熱烈討論，蔚為潮流。

▶宮原眼科第三間店
——櫟社

阿水獅豬腳大王

兄弟相挺撐住豬腳一片天

阿水獅豬腳因為歌手林強的一曲〈向前走〉紅遍了中台灣,甚至我一直以為公園路的阿水獅豬腳大王是林強的父親開的。這幾年帶著學生走畫舊城美食時,才知道這阿水獅竟然有一段異性兄弟共守情義的背景故事[註],而我喜歡阿水獅的原因是豬腳入口即化的好味道。每到用餐時刻阿水獅總會客滿,得有點耐心等待,來到台中公園,是一定要來嘗嘗的。

註:關於阿水獅兄弟的故事可以在壹週刊網路上查詢到更深入的報導:https://www.nextmag.com.tw/realtimenews/news/442254

阿水獅豬腳大王
2018.11.10. am4:00.

台中大麵羹.
2016.12.24 am 10:00.

大麵羹
大麵羹是小時候的下午茶點心

公園路上另一樣必推薦的美食是大麵羹,雖然不是人人都能接受,卻是我的最愛。我從小下午的點心就是同學母親推著三輪車在旱溪叫賣的大麵羹,一碗兩塊錢,加油豆腐總共兩塊半。台中公園這裡有兩家,一家叫台中大麵羹,座無虛席,而我偏愛三民路上的公園口大麵羹,一來是便宜又大碗,二來蘿蔔可以自己任意加,讓大麵羹的味道在軟爛中帶有嚼勁。當然,一定要加上紅紅的東泉辣椒醬,讓整碗紅通通的,這樣吃起來特別有味道。

▲台中大麵羹

從柳原教會走入時光隧道

穿梭在時光凍結的小巷內

知名文學作家朱天心說過一句話：「我不知道在女兒的時代，她還能這樣牽著她的孩子，繼續四處指指點點，敘說著城市的身世嗎？還是只能在冰冷無味的教科書中尋找？」

柳原教會是中區舊城最角落的百年建築，見證柳川周遭的歷史演變。從柳原教會出發，走過停車場綠帶——

大誠街的兩側，只要轉個彎進入巷弄，就彷彿進入了時光隧道，時間迴轉停留在 60、70 年代的老台灣社會。

這裡的鉛片房、石綿瓦、鐵皮屋，隨意拼湊起的簡易住宅緊緊相連依偎著，緊密得讓人幾乎無法呼吸。薛府王爺廟口則成了最佳的聚集地，老人家們經常聚在一起閒話家常，流露暖

▲柳原教會周邊散步地圖

暖的人情味，帶著畫筆記錄這個時光
流域，從陌生到熟悉，我彷彿也成了
這個社區的一分子。

　　教會為什麼取名「柳原」？真正的
原因我並不是很清楚，但是教會長老
的解釋聽來確實有幾分道理，長老說
是因為教會的所在地點就在柳川的沖
積扇平原上，因此才取名「柳原」。
1915 年時，依照梅甘霧牧師提供的英
國教會圖樣興建，隔年完工啟用，歷
時百年，在其周邊環境大幅改變下，
仍然屹立不搖。柳川也在世代交替中，
在這個區域保留了見證歷史的痕跡。

▲ 柳原教會

▲ 柳原教會

▶ 鉛片建築

◀ 貳樓高

140

鉛片建築

走過精武路、福音街的綠帶停車場、大誠街口的清粥早餐店，這一區還保留了 5 棟鉛片建築，此建築材料的運用最早可以追溯到國民政府接收台灣的 40、50 年代。

1945 年國民政府退守台灣，帶來大批的軍官眷屬，台中頓時湧入 2、3 萬人，當時為了提供暫時居住地，選擇了柳川的沿岸，砍伐柳樹來搭建臨時住宅，從柳川沿岸到精武路、福音街再到綠川沿岸，很快的，簡易的鉛片建築蓋滿整個區域。現在多已拆除，而這殘存的老屋便成了訴說歷史的活樣板。

一旁的「貳樓高」老屋則是這個區域較早的新式水泥磚造建築；背後的隆昌棉被行是一間低矮的紅磚房，層層疊疊的屋頂是最迷人的線條，棉被行堅持傳統手工棉被製作，不時可以看到開車載著棉被來這裡整理或重新打製的客人。

▲ 隆昌棉被行

摩登年代 (Modism Café)

　　往大誠街繼續走，就會來到 Modism
Café 摩登年代這間店，老闆是年輕人，
保留了建築的外觀和結構，以拿手的
咖啡和甜點吸引不少饕客前來，有些
人著迷的是店內的手工甜點，抑或老
闆的率性風格，而我，則是迷上這裡
的建築歷史況味。

石棉瓦牆

　　續走大誠街，轉個彎來到薛府王爺廟，對角可以看到一整片的石棉瓦牆，是 70 年代流行的屋頂建材，到了民國 85 年左右，曾經因為颱風造成中部屋頂大量破損，石棉瓦一片難求，隨後又在世界衛生組織公告石綿為一級致癌物後，逐漸消聲匿跡。這裡保留了一大片石棉瓦外牆，搭配低矮老屋，垂直的線條特別好看。

▼電線桿比高

▲屋頂的風景

巷弄之間 三民街
三段 93巷 22弄. 44-.
2017. 2. 06. am 11:00 畫

天空之城

　　繼續往前走，退縮在左側的樓房是
一棟鉛片建築，「天空之城」是我給
它起的名稱，我喜歡叫它「天空之
城」，就好像卡通動畫中的移動城堡
一樣。受到颱風、地震的摧殘，敲除
的頹廢殘牆，搭配不斷修補的外牆，
鐵窗、鉛片、鐵皮、木框……，看起
來真的像是座天空之城。從天空之城
腳下走入巷弄，像極了迷宮，走進去
真的會分不清楚東西南北。

　　這裡到處都是「比高」的電線桿，
過去低矮的房子不斷增建加高，大型
機具無法進入巷弄更新，只好再接上
一根防腐木桿，接高了的電線桿，一
桿一桿排立著，彼此似乎在比高。層
層疊疊的鐵皮屋頂和電線桿成了這裡
最美的風景。

▲迷宮

三時茶房

　　就在一陣亂逛之後發現巷弄裡的名店「三時茶房」，一般遊客會從太平路上的小巷進入，小小的巷口招牌不難發現，不過我是從巷弄裡的迷宮走入，柳暗花明後的三時茶房是最好的歇腳處，點杯古早味杏仁茶搭配油條，在老屋中慢慢品味這巷弄裡的點滴時光，或許會有更多的感動。

▼天空之城

◀ 老屋

連棟民宅

　　薛府王爺廟是這裡的信仰中心，街
坊裡的老人喜歡在這裡曬太陽聊天。
王爺廟兩側都有近百年的老民宅，我
最喜歡這排有著小閣樓的房子，老人
家安居於此。要不是
聊天，還真不知他們
都曾富甲一方，各自
在年輕時有著不同的
精采打拼故事。我喜歡
靜靜地聽他們聊天，樂
天、知命，「選個好
日子」是他們最常掛
嘴邊的口頭禪，
我真愛和他們
聊天。

▼ 連棟民宅

農糧署中區辦公室

農糧署中區分署台中辦事處出現在迷宮外的太平路上，1921 年興建的官署建築，只消再過幾年也將滿百歲了，這時又想起作家朱天心的話，「我們的小孩是否還有機會帶著他的小孩，像我們一樣看著它、畫著它？」

▼農糧署中區辦公室

隱藏的巷道

回到隆昌棉被行旁邊的巷弄，這裡又是另一條迷宮，有隱藏的巷道、更窄小的「摸乳巷」，也有台中僅存的「豆干厝」，來此走畫一趟，一定會有滿滿的收穫。

◀隱藏的巷道

興中街豆乳紅茶店

60年騎樓老店

經過了串門弄巷的小巷子回到柳原教會，吸一口新鮮空氣，彷彿從過去走回了現代。位於轉角的是興中街豆乳紅茶店，已經經營超過60年的騎樓老店，「紅茶豆乳冰」是這裡的招牌飲料，可在此處休息一下，配一片現烤厚片。台中公園周邊還有不少景點及美食，也可以在周邊繼續逛逛。

台中氣象站

可預約報名參觀

從光復國小外的操場往一中街走，會看到一棟白色的建築物，它就是台中氣象站，日治時期原名是「台灣總督府台中測候所」，就如同在台灣其他縣市的測候所一樣，負責收集各地氣候資料。台中測候所1896年設立在舊城區的台灣大道自由路口，1954年才遷建於此。平常開放網路預約報名參觀，大片的綠草坪搭配建築白牆，在夕陽餘暉中是一個很浪漫的拍照景點。

一中街口

最熱鬧的人潮集散地

台中氣象站的對面就是一中街商圈，這裡聚集了台中一中、台中科技大學及台灣體育大學3所學校，加上水利大樓的補習人潮，讓一中街成為市區裡最熱門的逛街地點，不論是美食或服飾商品，這裡都是年輕人逛街的首選。

有智老麵店
一碗綜合麵嘗遍多樣懷舊美食

在 三民路精武路口附近，是傳承了兩代、超過 70 年的老麵店，第一代廖有智推著攤車在公園附近叫賣，到開店成為古早好味道的代名詞，傳統的炸雞捲用「網油」包入內餡，經過油炸後特別鮮美。我習慣點一碗綜合湯麵，濃厚的湯汁、炸雞捲、滷蛋加上一顆肉丸子，店裡該有的美味都在這一碗裡了。

有 智 老 麵 店
※雞捲12:00出爐
營業時間：10:30～19:30
每週一公休

麵　類	單價	湯乾	湯　類	單價	飯	
黃　麵	50		雞捲湯	30		
米　粉	50		丸子湯	30		
粄　條	50		綜合湯	30	飯	
招牌麵	80		粉腸湯	40	豬腳飯	75
大碗麵	85		隔間肉湯	40	爌肉飯	65
			豬心湯	60	肉燥飯	

傳統滷味						
招牌雞捲	15	大腸頭	60			
招牌丸子	15	脆　管	60	豬耳		
滷　蛋	15	豬　心	60	豬耳朵		
豆　干	20	豬　舌	60	爌　肉	40	
海　帶	20	豬肚針	60	豬尾巴		
豬　皮	40	生腸頭	60	燙青菜	40	
苗　芚	00	菊　肚		豆芽菜	10	
粉　腸	60	豬　腳	60	綜合滷味	60	

有 智 老 麵 店

營業時間
早上 11:00
～
晚上 7:30
每週一公休

地　址：台中市北區三民路三段 67 號
TEL：(04) 2 2 2 4 5 7 3 7

▲綜合湯麵

一中街
2018.12.14. Pm 4:00.

市長官邸

在巴洛克建築裡畫張卡片給自己

在一中街附近的市長官邸原來是宮原眼科的創建人宮原武熊的私人宅邸，戰後他遭遣返，別墅由台中市政府接收。兩層樓的和洋式巴洛克建築充滿現代感，曾經作為市長官邸使用，直到 2004 年成為市長官邸藝廊才開放民眾參觀。之後因主管單位由文化局轉移到社會局，2016 年起委由財團法人弘道老人福利基金會經營，規畫老人夢想館搭配不老騎士，提供簡易的餐點。

我喜歡帶學生來這裡速寫，並且花50 元購買官邸內銷售的空白卡紙，畫張卡片寄給自己，你可以蓋上官邸印戳，然後自行上色加工，只需要簡單的上色，就可以做出一張很漂亮的到此一遊明信片。完成後，可由官邸負責協助郵寄。

不老
愛情

2017.09.29 am11:00

▲ DIY 一張市長官邸明信片

台中市長官邸
2017.09.29 am11:06

▲台中放送局後側廣場

台中放送局
舊時代裡的過渡式現代建築

台中放送局位在台灣體育大學旁電台街 1 號。日治時期是日本政府為了發展廣播事業，作為全台廣播中繼而設，1935 年正式開播至今已逾 80 年。建築外觀是簡化的過渡式現代建築，門口以大比例圓拱開口，強調入口的重要性，而立體開窗則以細長比例之圓拱窗與大面平拱窗構成整體的立面風格。台中放送局是台中市的重要歷史建築之一，與台中公園裡的「放送頭」都是舊城裡特別的時代產物，透過老屋活化及藝文空間展示，四周廣場經常成為假日藝文市集的展演場所。

▲ 刑務所典獄長官舍

台中刑務所和演武場

和洋式代表特色建築

近 民權路州廳、往林森路走的刑務所和演武場於日治時期 1937 年落成，提供司獄官練武的場所。這個景點雖然不在中區舊城裡，不過卻和舊城發展息息相關。園區中的老榕樹又稱「生命之樹」，早在 1895 年老榕便已在此扎根，目前委由財團法人道禾教育基金會經營，並定名為道禾六藝文化館，園區中有知名的 18 度 C 巧克力販賣處，有時還會有假日市集喔！

演武場後方是刑務所官舍群，典獄長官舍目前已經修繕完成，其中，外牆左右兩邊不同的雨林板工法，以及內部日式和洋式的裝修，是有別於一般日式官舍的「和洋式建築」特色代表。

▼ 刑務所演武場

與眾不同，才是最棒的！

慢活已經成為大家旅遊度假的主流，景點不必多，行程不用趕，多點人文、多點感動，享受放鬆的時刻、享受發呆放空的自由。或許是一張不怎麼亮麗的速寫作品，卻是無可取代的一張，比起照片，更能讓我回想起旅行的點點滴滴。我相信旅行速寫是每個人都能做的事，當繪畫不再是為了創作一幅不朽名作，只是為了記錄足跡，為了留下感動，那麼不論何種風格的呈現，都是個人最有特色和最好的紀念。

在多年「繪旅行」的教學中，我常以「信心建立」為每一位初學者開啟繪畫的大門，只要願意拿起畫筆，你也可以開始享受旅行速寫的樂趣。但是，我發現大部分的人在畫畫時還是喜歡和別人比較，總是覺得別人畫得比較好，因此退縮沮喪，要知道，與人不同才是最棒的！試著聆聽自己的聲音，在自己的畫本裡享受自己的旅行回憶，用自己的筆觸留下獨一無二的紀錄，和別人不同，才是自己的故事。

放心畫下去吧！第一本通常是如此，第一頁更是不知所措，只要你開始畫了，這個問題自然不存在，然而，完成一本畫冊後的成就感，還有往後一本接著一本的衝動，只有當你開始畫了才能體會，不管畫得如何，都是你最真實的故事。畫你自己要畫的，創造屬於你自己的回憶，堅持下去，你的毅力能協助你養成一輩子的好習慣，深度體驗你的每一次探險。

最後，歡迎你掃描下方的 QR Code，加入我的「繪旅行」facebook 社團，和我們分享你的旅行速寫作品，也可以留言，互相打氣加油，讓旅行速寫成為我們一生的伴侶吧！

https://www.facebook.com/groups/artsgo/

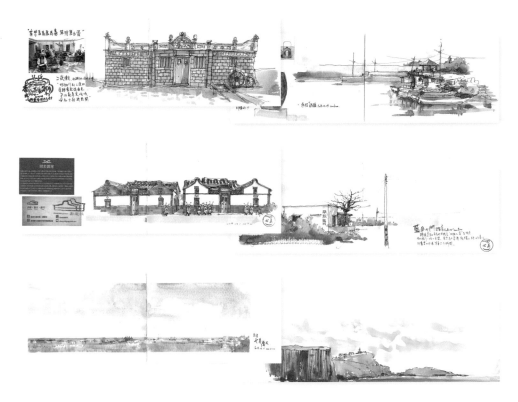

▲ 不論旅行天數長短，我都會準備一本適合的畫本來記錄，畫下所見所聞，並貼上行程中所有能蒐集的票券、傳單、住宿卡或紀念印章 (圖為澎湖繪旅行記錄)

◀ 多年來已累積數十本繪本，我的旅程尚在進行中

國家圖書館出版品預行編目 (CIP) 資料

畫家帶路，台中舊城街道散步 / 朱啟助
作 . – 初版 . – 臺北市：太雅，2019.09
　　面；　公分
　　ISBN 978-986-336-344-6(平裝)
　　1. 旅遊 2. 繪本 3. 臺中市
　　733.9/115.6　　　　　　　108011091

台灣深度旅遊 09

畫家帶路，台中舊城街道散步

文　　字　　朱啟助
繪　　圖　　朱啟助

總 編 輯　　張芳玲
企劃編輯　　鄧鈺澐
主責編輯　　鄧鈺澐
校　　對　　黃　琦
美術設計　　簡至成
行銷企劃　　張舜雯、鄧鈺澐

太雅出版社
TEL：(02)2882-0755　　FAX：(02)2882-1500
E-mail：taiya@morningstar.com.tw
郵政信箱：台北市郵政 53-1291 號信箱
太雅網址：http://taiya.morningstar.com.tw
購書網址：http://www.morningstar.com.tw
讀者專線：(04)2359-5819 分機 230

出 版 者　　太雅出版有限公司
　　　　　　台北市 11167 劍潭路 13 號 2 樓
　　　　　　行政院新聞局局版台業字第五〇〇四號

總 經·銷　　知己圖書股份有限公司
　　　　　　106 台北市辛亥路一段 30 號 9 樓
　　　　　　TEL：(02)2367-2044 ／ 2367-2047　FAX：(02)2363-5741
　　　　　　407 台中市西屯區工業 30 路 1 號
　　　　　　TEL：(04)2359-5819 FAX：(04)2359-5493
　　　　　　E-mail：service@morningstar.com.tw
　　　　　　網路書店 http://www.morningstar.com.tw
　　　　　　郵政劃撥 15060393(知己圖書股份有限公司)

法律顧問　　陳思成律師

印　　刷　　上好印刷股份有限公司　TEL：(04)2315-0280
裝　　訂　　大和精緻製訂股份有限公司　TEL：(04)2311-0221

初　　版　　西元 2019 年 09 月 01 日
定　　價　　320 元
ISBN 978-986-336-344-6
Published by TAIYA Publishing Co.,Ltd.
Printed in Taiwan
(本書如有破損或缺頁，退換書請寄至：台中市工業 30 路 1 號 太雅出版倉儲部收)

填線上回函，送 "好禮"

感謝你購買太雅旅遊書籍！填寫線上讀者回函，
好康多多，並可收到太雅電子報、新書及講座資訊。

每單數月抽 10 位，送珍藏版
「祝福徽章」

方法：掃 QR Code，填寫線上讀者回函，就有機會獲得珍藏版祝福徽章一份。

填讀者意見，就送精選
「好書一本」

方法：填寫線上讀者回函，及填寫「使用心得」欄，就送太雅精選好書一本（書單詳見回函網站）。

＊同時享有「好康 1」的抽獎機會

畫家帶路，
台中舊城街道散步

https://reurl.cc/15ELp

＊「好康1」及「好康2」的獲獎名單，我們會
 於每單數月的10日公布於太雅部落格與太雅
 愛看書粉絲團。
＊活動內容請依回函網站為準。太雅出版社保
 留活動修改、變更、終止之權利。

太雅部落格 http://taiya.morningstar.com.tw
　　有行動力的旅行，從太雅出版社開始